海軍兵と戦争

宮島 孝男
Miyajima Takao

戦争と人間を語る

南方新社

まえがき

「八月や六日九日十五日」という俳句にあるように、八月は国民にとって忘れられない月です。皆さんは、八月六、九、十五日がそれぞれ何の日であるかすぐ頭に浮かびますか。六日は、広島に原子爆弾が投下されました。平和を祈念する大切な日で「平和記念日」となっています。九日は、広島に続いて長崎に原爆が投下された日です。十五日は、第二次世界大戦が終結した「終戦記念日」で、政府主催による「全国戦没者追悼式」が開催されています。

令和最初の八月、親戚の集まりや近所で遊んでいる子どもたちに戦争について聞いてみました。

今の子どもたちは戦争のことをよく知らない。「日本は本当にアメリカと戦争したんですか」って質問する子までいて驚いてしまいました。また、「戦争は、なぜいけないのか」それがピンとこない子どもが増えているようにも感じました。非戦・平和の学びをもっと教育や日常生活の中に取り入れねばと痛感した次第です。

子どもも大人も今の日本人の九割以上は、戦争が何であるか実感が持てないのが本当のところかもしれません。

また今の日本の政治・社会のあり様を見ていると、日本が再び戦争への道をたどるのではないかとの懸念を抱いてしまいます。北方領土をロシアから取り戻すのに、「戦争で解決できないか」など軽々しく言う国会議員さえ出てくる始末です。

折しも今年（二〇二〇年）はメモリアルイヤー「戦後七十五年」となります。今なお、世界から戦争がなくなっていません。さらに地球温暖化や核兵器・軍拡の問題などが改善されず、地球自体の将来も危ぶまれています。かつ長い年月が経ち、孤立、貧困、差別や憎悪、排他や不寛容といった戦争の引き金にもなりかねない課題も立ちはだかっています。

今年は節目の年ということで、戦争体験継承の先細りや風化を案じる声が高まっています。一九四五（昭和二十）年に十五歳で出兵した少年兵は今年で九十歳です。戦後生まれが総人口の八割を超え、体験者から話を直接聞ける時間も残り少なくなってきました。

戦争をなくすために大事なことは、まず戦争を知ることです。日本人は七十五年間戦争をせずにきましたが、戦争を知ることに果たして熱心であったかは疑問です。

ところで折も折、新型コロナウイルスが世界中で猛威をふるっています。各国首脳の多くが、「ウイルスと人類との戦争」「第二次世界大戦以来最大の難局」「第三次世界大戦」などと表現していますが、確かに予想を超えるスピードと範囲の感染拡大は異型のウイルスとの「戦争」といってよいでしょう。

そのような中、小出しに戦力を投入して失敗したガダルカナルの日本軍の悲劇を引き合いに、「新型コロナウィルスとの闘いで日本政府はガダルカナルの戦いの失敗をくり返すのか」「戦力の逐次投入は危機管理で最もやってはいけない手法。巨大な敵に対しては、最初から全力をもって対抗すべき」「有事では、中途半端な手法は致命的。小手先では乗り切れない」といった論調も見られます。新型コロナウイルス対策に戦争から学ぶべき教訓もあるようです。

またこの期に及んでも、大国間でとげとげしいやりとりが続いています。ウイルス禍で社会の分断が加速化し、排除志向が高まるのも大いに懸念されます。

戦後七十五年、こんな時代、世の中だからこそ私たちは今、戦争・いのち・平和に真摯に向き合うべきではないでしょうか。

この本は、三部構成になっています。

第一章ではまず、海軍の飛行機乗りだった廣森幸雄さん九十四歳の貴重な戦争体験や証言、そして「何が生死を分けたのか」「戦争は勝っても負けてもみじめだ」「戦争だけは絶対にしてはならない」など廣森さんの戦争への切実な思いをつづっています。

やっと重い口を開いてくれた廣森さんの、「土浦海軍航空隊入隊から、厳しい訓練、基地生活、最前線での戦闘、ハイライトともいうべき九死に一生を得た過酷かつ悲惨な体験、捕虜生活、帰還（復員）、その後現在に至るまで」の、まさに胸を打つその生涯です。

体験者の肉声ほど心に残るものはありません。一兵士の戦争体験を自分史スタイルでまとめたこのような著書は、一般書でもほとんど見かけないように思います。

第二章では、「特攻銀座」と呼ばれるほど、特攻基地の集中した鹿児島。特攻とは、何だったのか。戦争末期、多くの若者が飛び立っていった「知覧基地」、特攻隊員が墜落し、流れ着いた鹿児島沖の「黒島」、ここでの秘話（悲話）など紹介します。特攻や戦争への認識・想いを深めてもらえるとありがたいです。

第三章では、「日本はなぜ、惨敗と多大な犠牲をもたらしたこのような戦争をしたのか、愚かともいうべき行動に走ったのか、なぜ悲劇は続き、ここまで深刻化したのか……」検証・考察し、非戦・平和の誓いを新たにします。

なお、私が戦争について得た情報や学んだ知識も全編に随時織り込んで参ります。

この本は主に、中学・高校生、大学生など若者を対象に書いています。この本を通じて、戦争がいかに不条理、不合理で、愚かしく、残酷であり、悲惨で不毛、無意味なものか伝えることができれば本望です。併せて戦争体験のない皆さんが何かを感じることで、これから先、生きる未来に向けて、何かを与えることができるならそれに越したことはありません。

「戦争を知らない人間は、半分は子どもである」

実体験を背景とする『俘虜記』『野火』『レイテ戦記』を書いた大岡昇平の言葉です。

大人の皆さんにもぜひ読んでいただけたらと思います。

海軍兵と戦争——戦争と人間を語る——　目次

まえがき　3

第一章　海軍兵と戦争

一、やっと重い口を開いた廣森さん　15
二、予科練に憧れ土浦海軍航空隊へ　17
三、土浦海軍航空隊での厳しい訓練　19
四、東南アジアでの基地生活　24
五、最前線での戦闘　28
六、戦争とはこんなに過酷で悲惨なもの　34
㈠　インド洋から奇跡の生還
㈡　大型機特攻隊　出なかった出発命令
㈢　届いていなかった遺骨と入れ歯
七、捕虜生活、そして帰還、現在まで　44
八、戦争だけは絶対にしてはならない　47

第二章　特攻、かごしまの物語

一、特攻とは、何だったのか　53

二、「知覧基地」 57
三、「黒島」 80

第三章　戦争を見つめ・考え、平和を誓い・発信する

一、寄せられた戦争の記憶や証言 103
二、なぜ戦争を始めたのか、どんな経過をたどったのか 105
三、勝てる見込みのない戦争を始め、やめ時まで見失っていた日本 107
四、戦争の教訓から学び、平和の尊さを語り継ごう 114

あとがき 119
主要参考文献等 123
〈付録〉「第十四回『文芸思潮』エッセイ賞」社会批評佳作受賞作品
西郷も大久保も喜んでいる 125

装丁　オーガニックデザイン

第一章　海軍兵と戦争

一、やっと重い口を開いた廣森さん

二〇一八（平成三十）年四月四日、私は貴重な生存者となっている廣森幸雄さんという戦争体験者にインタビューをするため指宿駅のホームに降り立ちました。

「父は今もこの軽トラに乗っています」

息子の敏幸さんは指宿駅で私を拾うと開口一番そう言いました。幸雄さんは高齢ですが、現在も軽トラに乗り、トマトなど野菜づくりに余念がないようです。

実は、「海軍の飛行機乗りだったうちの父は想像を絶する体験をしているようだ」と敏幸さんから早くに聞いていたのですが、今日に至るまでしばらく時間がかかってしまいました。幸雄さんもご多分に漏れず、過酷で悲惨な戦争はもうこりごりで、これまでなかなか自らの体験を誰にも話そうとしませんでした。左腕が今も上がりませんし、途中までしか曲がりませんので、「なぜなのか」家族にのみほんの少しだけ話していました。

父と義父から戦争の話を聞かなかったことを大変後悔していた私は、「是非お話をお伺いしたい」と、この春、敏幸さんを通じて幸雄さんに熱心にお願いしていました。

思えば、今年も追悼と追想の夏がまもなくやってきます。同期生も特攻が多く八割ほどが戦死、鹿児島県での生き残りは幸雄さん一人となりました。戦友会も既に解散しています。そろそろ「あの時代のことを言い残さなくてはならない」「死と背中合わせだった日々の経験を伝えなければいけない」と幸雄さんは真剣に思い始めました。そしてまもなく「記憶の薄れないうちに」と重い口を開いてくれることになったのです。

郊外の田舎道に入りました。この一帯は、「いぶすき菜の花マラソン」の開催される一月半ばには菜の花が咲き乱れ、黄色一色に染まります。

廣森さん宅に到着しました。玄関に入ると、幸雄さんの乗っていた一式陸上攻撃機（一式陸攻）のプラモデルとマレー半島アエルタワル基地で撮った額縁入りの写真が一枚飾ってありました。

幸雄さんにとって戦時を偲ぶかけがえのない宝物です。見る度に様々な思いが去来するに違いありません。

応接間に通され、しばらく待っていると、やや前屈みの偉丈夫な男性がおもむろに現れました。廣森幸雄さんその人です。

一九二五（大正十四）年十月二十四日生まれの九十二歳（インタビュー時点）。十六歳で海軍甲種飛行予科練習生となり、一九四二（昭和十七）年四月、土浦海軍航空隊に入隊、十八歳で一式陸攻の電信員になりました。身分は上飛曹。戦場では、操縦員、偵察員らと五人で乗り組み、船団護衛や対潜哨戒などに当たりました。

軍隊生活三年半、捕虜生活二年、戦争に塗り込められた二度と戻ることのない不幸な青春時代を幸雄さんは果たしてどう振り返るのでしょうか。

挨拶や世間話もそこそこに、幸雄さんは自身の戦争体験を物静かに語り始めました。

二、予科練に憧れ土浦海軍航空隊へ

廣森　当時は中学時代から軍事教練があり、ポスターが校内に掲示してありました。上部は飛行機から搭乗員が下界を見下ろしている勇姿、下部は連合艦隊でした。普通は満二十歳になると召集令状いわゆる赤紙が来て、徴兵検査を受けます。合格しても陸軍か海軍かどこへ行くかはわかりません。どうせいずれは兵隊にとられます。ポスターを見て予科練習生（以下、予科練）に憧れを抱きました。旧制指宿中学校から十人受けて二人が合格しました。

廣森幸雄さん

まずは予科練を志願した動機からでした。その頃の子どもたちは、「お国のため、天皇陛下のために戦うことは名誉である」とお題目のように耳にして、身体にしみ込んでいました。廣森幸雄さん（以下、廣森さん）もそんな軍国少年の一人だったのです。

続けて次のような話も披露してくれました。

廣森　軍事教練といえば、中学校には陸軍将校が一人ずつ駐在しており、『教練必携』を持たされていました。これを忘れると、叩かない代わりに『軍人勅諭』を書いてこいと命ぜられます。それが徹夜で書いても書き切れるものではないのです。私たちは、「まだ殴られた方が増しだな」と話していました。

予科練合格の通知が来た時、祖父は役場の兵事係に「長男だから取り消してほしい」と相談に行ったらしいんです。もちろん、「できない」と断られました。飛行機は死ぬ確立が高い。合格して「よくやった」ともてはやされる一方で、肉親としての感情はむしろ逆だったのではないでしょうか。

一九四二（昭和十七）年四月、廣森さんは指宿神社のお守りや「千人針」を身に着けて意気揚々と土浦海軍航空隊に入隊していきました。ちなみに「千人針」とは、『武運長久』と書かれた白い木綿に千人の女性が赤糸で一針ずつ縫って千個の縫玉を作り、神社でお払いしたもの。この「千人針」を身に着けていれば鉄砲の弾も逃げてくれる。そう言われている大事なものですから肌身離さず戦ったのです。

三、土浦海軍航空隊での厳しい訓練

一九四二（昭和十七）年四月、廣森さんは、茨城県の土浦海軍航空隊に入隊しました。全国から千人が集まりましたが、生き残ったのは二百人ほど。八割が命を落とすことになります。

廣森　訓練は、予科練（学科が主です）→飛練（練習機で基礎を学びます）→機種ごとに分かれての実習訓練（戦地で適応できるよう）の三つの段階を踏みます。

「赤とんぼ」は、土浦では霞ヶ浦の湖から飛び立つ水上機でした。これに乗り、飛行機の概念を学び飛行機の感覚を身に付ける教育を受けます。「赤とんぼ」とは、赤く塗って練習機として用いた主翼が二重になっている飛行機のことです。軍では俗にそう呼んでいました。

最初から最後まで「赤とんぼ」ではなくて、「赤とんぼ」のもうひとつ上の実用機と中間のような飛行機でも訓練しました。

卒業する時に操縦員課程と偵察員課程の二つに分かれます。操縦員課程に進んだ兵士が最初に陸上の「赤とんぼ」に乗る。タッチ・アンド・ゴー（飛行機が滑走路に接地し直ちに離陸する動作）の訓練もありました。

操縦員課程で飛行機の基礎をみっちり仕込まれると各実習部隊に配属されます。そこでまた戦闘機、偵察機などいろいろな飛行機に乗り訓練するのです。

この頃はまだみっちりと練習する期間があったんです。しかし、終戦間際になり切羽詰まってくると、ちょこっと乗ってだいたい操縦できるようになればすぐ実戦に送り込まれました。

「敗戦の色が濃くなるにつれ、自分が一年近くかけて学んだ高難度の操縦技術や知識を数カ月で教え子に詰め込んだ」と元教官も証言しています。これは、多くの特攻隊員等の尊い命が失われる大きな要因の一つとなるのです。第二章で詳しく触れます。

廣森　九六式陸上攻撃機という一式陸上攻撃機の前身で同じ双発の飛行機がおりました。五〜六人乗れるので、全練習生を一回ないし二回ずつ乗せて航法や無線の訓練をしました。部隊が上海だったので、卒業飛行は上海と青島の往復でした。航空地図を読んで、「ここは東経何度であり、飛行機は偏西風や気流により何度へ流されるのか。海上だったら眼下の波を観測しながらどの程度流されたか計算し、どう修正して飛行したらよいか」などこのような作業を練習生自体で最初から最後まで行いました。

自分は電信員ですから、基地と連絡を取り合います。電信の機械に周波数を合わせ、暗号書の文字を必死に手で打ち込みました（モールス符号）。

訓練についてひと通り話し終えた廣森さんは、一息つくとまた土浦での思い出を語り始めました。

廣森　暴力はありませんでしたが、練習生の頃はよくバットで尻を叩かれました。受信する途中で速度が速まると、「しまった！」。二〜三字抜けるのです。一字につきバットが一発飛んできました。普段は一分間に六十〜七十字なのに卒業の時は九十字ぐらい受信していました。もう本当に死に物狂いでした。

海軍の知識は全て教え込まれていましたから、霞ヶ浦でカッター（大型ボート）を漕ぐ練習もありました。オール（櫂）を流したら教員が怒って顔を湖面に浸けるんです。

この訓練については、「手のマメがつぶれ、尻の皮も擦りむけて、夜はハンモックに仰向けに寝られなかった」と多くの予科練生が述回想しています。

廣森　軍歌演習というのもありました。『軍歌集』を次は何、次は何とめくりながら『敵は幾万ありとても』とか行進しながら歌いました。やはり軍隊にいる間一番よく歌ったのは『同期の桜』でした。

戦後戦友会でも歌いましたが、戦死した仲間の顔が浮かぶと生き残った者の引け目のようなものを感じましたね。

廣森さんは一瞬の沈黙の後、こうつぶやくように言いました。

宮島　有名な「若い血潮の予科練の七つボタンは桜に錨～」の『若鷲の歌』がありますよね。

幼少時から父と一緒に軍歌を聴き、この歌を覚えていた私は、ふと尋ねてみました。

廣森　自分たちはその歌を当時知らなかったし、予科練でも戦地でも歌ったことはありません。なお、最初は「ジョンベラ」と呼ばれたセーラー（水兵）服で、私たちの卒業後に詰め襟の七つボタンになったようです。

『若鷲の歌』を調べてみたところ、予科練を募集するための宣伝目的で作られ、一九四三（昭和十八）年九月十日に発売されていました。やはり廣森さんが卒業した後のことでした。

廣森　休みもあり、外出もできました。外出すると指定食堂を何軒も回り満腹になりました。外出しない時には、土浦海軍航空隊には「酒保」という売店のようなものがあり、名前と違ってお酒はないんですが、お菓子や飲み物、日用品などいろいろ売っていました。

市価よりも割安で買えました。土浦に入隊した頃は、指宿の先輩が二～三人いましたが、「酒保」に連れて行って奢ってくれました。

同期生と助け合って腕を磨く毎日はつらくもあるが楽しくもあったようです。廣森さんにとって、つかの間の青春と言える日々だったのではないでしょうか。

四、東南アジアでの基地生活

十八歳で一式陸上攻撃機の電信員になった廣森さんは、主に東南アジアの基地に配属され、いよいよ戦場に出ます。

廣森　自分の滞在した主な基地（飛行場）を挙げると、上海→愛知県の豊橋→台湾の新竹→海南島→マレーシアの教育部隊→スマトラ→フィリピンミンダナオ島のダバオ→マレー半島のアエルタワル（ペナンの対岸）の順になります。一週間から十日間の滞在を入れるともっとあちこちにいました。昭和十九年一月末から滞在したマレー半島が一番長かったです。

最前線の戦闘の話の前に、まず基地生活を振り返ってもらいました。

廣森　海軍はハンモックで寝ていました。兵舎の入り口、片隅の方から安置所へよく拝みに行ったのを思い出します。遺書や遺品など誰々兵曹の分というように大事に並べてありました。

夕食の後、椰子《やし》の下に寝ていると南十字星が見えます。指宿の父母や弟妹らのことが思われてきてなりませんでした。

指宿の家族へ手紙を出すことはできました。ただし、全部検閲されます。時間がかかりいつ届くかもわかりません。また輸送船が撃沈されたら届かないことも当然ありえました。指宿からも便りが来て、年に五回程度はやりとりしたと思います。ただ終戦が近づいてくると、戦況について記した手紙は禁止でした。書いてはならぬとなったのです。

次に飲食について尋ねてみました。

廣森　南方だったので、食べ物にはあまり苦労しませんでした。マレー半島はマンゴーなど果物の宝庫なのですよ。

また南方ではパインでブランデーを造っておりました。一週間に一回、瓶ビール程度の量の配給がありました。

「ほまれ」というたばこも配給されていました。私は吸わないので箱に入れて大事に取っておいたのですが、戦場から帰ってみたらみんなで分けあってなくなっていました。自分たちはもう帰ってこないと思われていたのです。

続いて基地での休日について尋ねてみました。

廣森　航空員の給料は加俸がつくので他より多めで、買い物もいろいろできました。基地でも一週間に一回とかひと月に一回とか休日はありました。戦況によって変わりますが。街に出て映画も見ました。上海にいる時はだいたい「どこの映画館に行きなさい」と指示されました。

映画が始まる前に館内の電灯がパッとついて「イスの下を確かめて下さい」と放送があるんです。みんな立ち上がり、爆弾がないかテロがないか危険防止のためイスの下や周辺を点検します。二時間の映画なら一時間経ったところで中断して、また電灯がついてイスの下など調べます。長い映画の時は三回もありましたよ。

映画もゆっくり落ち着いて鑑賞できない戦時ならではの切迫した状況がひしひしと伝わってきました。

宮島　私の父（一九二六〈大正十五〉年生まれ）と義父（一九二二〈大正十一〉年生まれ）

は陸軍でした。義父はとりわけ満州の大連を懐かしんでいました。どうやら満州からその後、中国大陸を南下したらしいのです。私は二人の、とりわけ義父の戦争体験について聞かなかったことを深く後悔しています。果たして話してくれたかどうかはわかりませんが。

私はここで、陸軍の情報を少しでも聞き出せないものか、廣森さんに切り出しました。

廣森　陸軍の移動は、中国大陸→フランス領インドシナ→マレー半島→南方各地へとなっているようでした。私がマレー半島にいる時、一晩でもよいから泊めてほしいとやって来ました。雑魚寝《ざこね》ですが空いた部屋を泊まれるように用意しました。

長いことお風呂に入っていないので入りたいとのこと、ドラム缶を集めて切断し、中をよく洗ってお湯を沸かし、彼らの到着を待ちました。

長い歩行のため、靴は破れ、靴底が離れて紐で括《くく》っていました。帰った後にはシラミがたくさん付いていましたよ。陸軍はよっぽど難儀しているな、かわいそうだなとつくづくそんな気持ちになりましたね。

戦争後半に急きょ集められた兵隊は、早く亡くなっています。古参兵は比較的生き延びました。徴兵制度に合格した新兵（すぐの人）は、身体を鍛えていないから、長い行軍に参ってしまうのです。現地で戦死した友人も多くいます。古参兵は要領もよかったのです。終戦後聞いてみると、自分は航空隊にいたから陸軍に比べると、まあ不自由なくご飯を食べられた方ではないかと思います。パサパサした長い南方の米と内地米と麦とが混ざったご飯でしたが。量もそこそこありました。

また自分たちの隊は、餓死とかマラリアなどの病死も少なかった。陸軍のように水虫やシラミにも悩まされませんでした。

五、最前線での戦闘

廣森　一式陸上攻撃機（一式陸攻）という大型機に乗っていました。玄関に飾ってあるプラモデルと同型です。
零戦（ゼロ戦、零式艦上戦闘機）は有名ですが、なぜ「零戦」と呼ばれるかといえば、登場したのが昭和十五年。昭和十五年が皇紀二六〇〇年に当たるからなのです。たとえば九六式戦闘機は二五九六年に、廣森さんの乗っていた一式陸攻は二六〇一年に制式採用されたことを意味しています。

廣森　操縦員二人、偵察員一人、電信員一人、機上整備員一人、射撃員一人の六人乗り。整備員が射撃員を兼務する五人の場合もありました。メンバーは変わります。

六十キログラムの爆弾を十二発、または敵の艦船を攻撃する七百〜八百キログラムの魚雷を一本収容していました。性能がよくないので、それだけ積むと飛行は軽快ではありません。ぐらぐらはしませんが、急な動きが取れないのです。

魚雷を発射する前にもうやられていました。低い高度で敵艦の上を通過するから攻撃を受け易い。ほとんど帰還できなかった。逃れる術はありませんでした。飛行機の戦闘はほんの一瞬で勝負が決まる場合が多いのです。

敵艦が自分らの飛行機に向かって一斉に砲火してきます。どこまで弾が届いているのか場所を確認するため、機銃の中には（百発中一発とか）発光弾が入れてある。それが光ってダアーっと来ると弾幕が張られたようになります。魚雷を落としてもどうしても弾幕を突っ切らないと逃れられなかった。九割以上がやられましたよ。

一式陸上攻撃機（プラモデル）

敵の戦闘機や敵艦から対空砲火を受けた場合、普通の戦闘機だったら傾いて向きを変えられる。慣れた操縦員だと普通の飛行ではない横滑りというのをする。横滑りは瞬間的にまだ逃げることができました。

普通、前日に翌日の攻撃と作戦の準備を行います。朝、離陸して晩、着陸。飛行場の隅に炎が燃えているカンテラが置いてあり、それを頼りに夜間は着陸していました。最後の一番高いカンテラを目安に夜間離陸することもありました。

宮島 戦時中、操縦員だった知人のお父さんは台湾の飛行場に着陸する時に、水牛が出てきて首を刎《は》ねてしまったそうですが。

私は思い出すままに、廣森さんにそんな話をしました。

廣森 豊橋にいる時に、教官が「お前たちは茶摘みに行くなよ」と冗談で言っていたのを思い出します。つまり、豊橋は茶の産地なので、当たり前に飛行場に着陸しないといけないわけです。茶がやられるから茶畑に不時着してはならないということでした。

話はまた最前線の戦闘に戻ります。

廣森　戦闘地域に敵が散在している場合は大型機だけで行くとやられる率が高いので、大型機が攻撃や雷撃を完全にできるよう戦闘機（零戦）が途中まで護衛していました。

飛行機乗りに「ちょっと待って」はありません。即時の的確な判断がないと命を落とします。乗る前には必ず用便も済ませました。

飛行機乗りは全身を集中する仕事です。風が強いと流されるので、偵察員が飛行体勢の立て直しのため計算をし「機首を変えて」とか操縦員に命令します。電信員と偵察員が操縦員を目的地まで誘導していくのです。地図を持っており、どれだけ流されているか、どう修正したらよいか、速度はどの程度出したらよいかなど計算します。現在は衛星を使った位置測定器もありますけど。なお、当時も直線飛行だけは自動操縦ができました。

自分の主な役職（仕事）は電信員でした。無線は必修科目。水晶で作られた発信機で周波数を手で合わせます。

一九四三（昭和十八）年四月十八日、山本五十六将軍が撃墜されました。暗号が米軍に傍受され解読されていたのです。

そんなわけで、電波を出しっ放しでは敵にわかるので、こちらから基地への信号の発信は方向転換する時などにトントントンと二〜三回。基地からは「了解」がほとんどですが、何かあったら言ってきます。自分が出すのはそうなくても、基地からいつあるかわかりません。一〜二時間かかる行程でもやはり神経は百％ずっと集中しっ放しでした。長い時は六〜七時間、大層疲れましたね。

いろいろな情報が電波を傍受していた電信課から入ってきました。ただ、戦艦大和が坊ノ岬沖に沈んだという情報は全然知りませんでした。（知らされなかったのでしょうか。）さすがに原爆投下の話は聞きました。なお八月十五日の玉音放送は聞けませんでしたが、戦争に負けたことは戦争停止命令ですぐに知りました。

Ｂ29が落ちて残骸を見た時に、日本の飛行機の防風ガラスはとても薄いのに、Ｂ29のはかなり厚かった。これでは弾も通らないだろうと思わされました。また日本の飛行機の燃料パイプは、大きいののみ長ゴムをちょっと巻いているだけ。アメリカのＢ29などは、長ゴムを巻いた上にさらにもうひとつパイプでカバーしており二重構造だった。中の長ゴムが溶けても塞《ふさ》がります。

日本の場合は、戦闘性能を良くするためにパイプだけでなるべく飛行機を軽くしていた。乗組員の安全対策は二の次、重要事項ではなかったのでしょう。やはり物量の差は歴然でした。「これでは負けるぞ」と思いました。

戦場・戦闘の現場・現物・現実が目に浮かぶようです。廣森さんからは、ほかに次のような話もありました。

廣森　戦場というのは生き死にのほかには何もありません。毎日が生と死との境目、だから「いろんなことを割り切らないことには」という心境でした。

飛行機乗りは技術が物を言いますから、肩書きは不要です。若くて階級が低くても、たたき上げの腕のいい操縦員とやはり乗りたがるものでした。逆に階級は上だけど技術が下手な操縦員とは乗りたくありませんでした。

でたらめないじめやしごきはなかったものの、叩かれることはありました。自分の場合、終戦前には上位でしたからほとんど叩かれなかったですね。若い連中の中には「弾は前ばかりから飛んでくるんじゃないからな」と冗談を言うのもおりました。

それから日本軍の有名なスローガンというんですか、「鬼畜米英」（交戦国のアメリカやイギリスが鬼、畜生を意味する「鬼畜」に値するという意味で使われた）とか「八紘一宇」（「世界を一つの家にする」の意味。日本の中国、東南アジアへの侵略を正当化するために用いられた）とか、基地や戦場ではそんなに耳にしませんでした。

六、戦争とはこんなに過酷で悲惨なもの

(一) インド洋から奇跡の生還

一九四四(昭和十九)年一月末から最も長くいたマレー半島アエルタワルでの体験や証言はとりわけ驚くべき内容であり、深く心の奥に響きました。インド洋で命を取り留めた話が始まると、私は思わず身を乗り出して聴いていました。

廣森　一九四四年暮れのこと。一式陸攻でインド洋へと基地を発ち、全神経を集中して電信員の任務に当たっていると、突然ドーンという凄まじい音がして意識を失いました。海中で爆発する対潜爆弾(六十キログラム)を使用して敵の潜水艦を攻撃している最中のことでした。

一瞬の出来事でよく覚えていませんが、飛行機が海面に落ちた時、ガシャーンと音がして、宙に舞ったような感じがしました。それが放り出された瞬間じゃなかったろうかと今は想像します。一瞬だけど五十〜一〇〇メートルほど落下したのかな。その時に気絶したのだと思います。

どのくらい経ったのでしょう。気がつくと、海に浮かんでいました。目を見開くと、飛行機が燃えています。ここにいたら焼き殺されると思って飛行機から遠ざかろうと泳ごうとしますが、左腕が動きません。見ると折れて骨が飛び出していました。鼻も切れ、血だらけでした。

まわりでは同僚がもがいています。一人は顔面が原形をとどめていない、もう一人は頭皮がふたつに裂かれて顔にかぶさり目が見えない、「皮を上げたら」と言ったら見えるようになりました。偵察員と整備員の二人は既に息絶えていました。言葉にできないくらい無残な光景でした。

しばらくすると、車のより、かなり大きい飛行機のタイヤが近くに浮かんでいるのが見つかりました。鹿児島市荒田出身の萩原さんもわかっていて、「はよこっちにこんな」（早くこちらへいらっしゃい）と言いました。私たちはそのタイヤに何とかつかまると、長いこと海に浸かっていました。

魚がやって来て足からどこから食べることがあります。実際、あちこち魚の食らいついた痕のある隊員もいました。「海に落ちたらマフラーをほどき、身体にぎゅっとひと結びして流したらよい」と先輩につぶさに教わっていましたのでそのようにしました。「マフラーは長い。魚はマフラーにまとわりついて自分らに寄り付かないから身の安全が保たれるのだ」

と先輩たちが年中言っていました。

また先輩たちからは、「サメが来たら、マフラーを流せ」とも教えられました。長さ二メートルほどのマフラーを大きな物体と間違えてサメがそちらの方へ行くからです。このような教えは終生の宝のように思われてなりません。

幸いに二番機がいて基地に連絡し、駆潜艇が救助に来ました。インド洋から奇跡の生還でした。あの死と向き合っていた時の心境は、もうなんとも表現のしようがありません。「飛ぶモノ・人は必ず落ちるもの」ですが、本当に幸運でした。

顔面が原型を留めないほどのけがをした同僚は確か長崎の出身だったと思いますが、名前を思い出せません。野戦病院での治療は無理で内地送還となりました。

幸い目、鼻、口の機能も大丈夫で、「若いうちはこんなにきれいな顔だったんだよと写真を持って歩かなくてはいかんが」と冗談を言い合うほど回復しました。

頭皮がふたつに剥がれた萩原さんは、八針縫いました。幸いに脳に障害は残りませんでした。もう二人とも故人で、自分が最後の生き証人です。

自分は、シンガポールの野戦病院で二カ月余り治療しました。折れたところ同士を板で固定するだけの治療だったので、左腕は今も上がらないし、途中までしか曲がりません。野戦病院での治療には、よくヨードチンキが使われていましたが、弾の貫通傷の治療など激痛が走るので、その様子はとても見ていられるものではありませんでした。

シャツを着るのも一苦労です。袖を通す度にあの無惨な光景が鮮明に蘇ると同時に、何が生死を分けたのか、助からなかった二人のことが思われてきて胸が痛くなります。

幸雄さんはどこか遠い所を見ているようなまなざしになりました。

廣森　米軍の沖縄攻撃に備えるため、半分がマレー半島アエルタワルから台湾へ移ることになりました。自分は台湾組に所属していたのですが、このけがのため残りました。

玄関の額縁入り写真がその様子を撮影した貴重な一枚です。後方にいたので、写真で自分の姿が確認できないのは残念ですが。

友人が所有していた写真を引き伸ばしてもらいました。私は、写真は焼却してしまっていたからです。現地人が、殺していないのに「誰々を殺したやつ」とイギリス軍に申告し、軍事裁判にかけられる恐れがありました。似てると困るので。

(二) 大型機特攻隊　出なかった出発命令

次も「運命の日」の話です。

廣森　特攻隊の一期生とは同期に当たります。終戦前には、普通知られているところの特攻隊のほかに、大型機にも特攻隊の編成命令が出されていました。主に魚雷によるものでしたが、爆弾もありました。

マレー半島にいた一九四五（昭和二十）年三月、飛行隊長から「搭乗員は、夕食を済ませたら広場に二列に整列せよ」との命令があり整列すると、飛行隊長は「上官から特攻隊を編成せよと言ってきた。これから編成に入る」と訓示しました。

そして、「皆、目をつぶれ。特攻隊編成に志願したい者は一歩前に出よ」と命令しました。少しの間を置き今度は、「全員賛成してくれた。もとに戻れ」と告げました。

引き続き飛行隊長は、「兵舎に帰ったら早速、遺書を書け。自分の爪と髪の毛を切り取り遺書と一緒に保管せよ。汚れ物は洗濯せよ」と訓示しました。

「志願」といいますが、本心は誰もが「否」なんです。これを乗り越えて「行かないといけない」

廣森さんの自宅玄関に飾られている写真。アエルタワルから台湾へ移る際に撮影された

の心境になるまで心の葛藤がありました。

遺書には父母弟妹への思いを書きました。嫁のいる隊員はほとんどいませんでした。約一週間後、二機に特攻命令が下りました。自分の搭乗機もその一機でした。

航空バッグにはそれぞれの持ち物を入れました。偵察員であればチャート（地図）など。電信員の自分は、暗号書（アメリカに解読されていたらしいが）と電信機の周波数を合わせるための水晶発信機を。

大型機ですから飛ぶ距離が長い。飯盒《はんごう》にご飯とおかず（福神漬け、パパイアの漬物、するめなど）を入れた弁当も準備しました。

敵の攻撃前夜には、天皇からいただいた恩賜の酒が振る舞われます。爆撃の場合は、帰って来る確立が高いので一機に一本ずつ。魚雷の場合は、ほぼ帰って来れないので一人に一本ずつでした。

夕方まで待機しましたが、敵が予測していた地点に来ず、結局出発命令は出ませんでした。終戦まであと数カ月、「運命の日」となったのです。その後も出発命令が出ることはありませんでした。

なお、特攻は「志願」のように語られていますが、実際「命令」もありました。

第二章三の「黒島」に登場する江名武彦少尉は次のように証言しています。

「江名さんは、特攻隊指名は志願ですか？　命令でしたか？」

と、尋ねると、

「わたくしの場合は、命令でした。わたくしたちはね、練習航空隊から航空隊に着任した途端に、全員が『貴様らは全員特攻要員である！』と告げられたんです。覚悟はしていたものの、目の前が真っ暗になりましたよ」

さらに、

「平常心を保つには、努力をせざるをえませんでした。特に出撃の前の晩というものは、わたくしの場合には、寝ようとしてもそれはなかなか、眠りにつくことはできませんでしたね」と。

特攻隊員にとって辛い時間は、離陸してから突入地点に到達するまでの二時間余りかと誰もが思うわけですが、それと同じくらい出撃命令が下り、実際に出撃をするまでの待機の期間もそうであったのです。

さて、廣森さんはほかにも背中とお尻に火傷《やけど》を負っています。インド洋に墜落する前のことですが、マレー半島で起きた事故で飛行機が炎上したのです。

このように廣森さんは、九死に一生を得る幸運に幾度か恵まれました。その一方で、自分だけ生き残ってしまったとの思いはいつも消えることはありませんが。

ちなみに、戦争で生き残った人に共通するのは運です。しかし、十年以上にわたり全国各地の戦場体験者の話を集めてきた「戦場体験放映保存の会」の田所智子さんは、戦場で生き残った人たちには幸運に恵まれたというだけでなく、生きたい、生きなければという強い思いがあったと報告しています。

廣森さんもそんな一人だったのかも知れません。第二章三の「黒島」で登場する柴田信也少尉についてもそのように感じます。


廣森　指宿にも田良浜特攻基地がありました。現在の国民休暇村のところです。哀惜の碑が建てられています。げたばきの水上飛行機を使用していました。自分が海軍に入る前にはありませんでしたが、一九四三（昭和十八）年頃にはあったらしいです。終戦の時に壊したから二年後に帰ってきた自分はどんな基地だったかは知りません。

自分が上海航空隊を卒業する時に、指宿のこの基地に転勤が決まった倉谷という同期生がいました。「自分の家は指宿だから指宿に行ったらぜひ訪ねてほしい」と頼んだら、親父と会ってくれました。

この基地では同期生三人が戦死、倉谷さんも戦死しました。もう慰霊追悼式には参列しませんが、毎年供花料を納めています。

特攻隊については、第二章以降で改めて取り上げます。

(三) 届いていなかった遺骨と入れ歯

廣森　忘れもしない一九四五(昭和二十)年三月十六日のこと、同僚の飛行機がインド洋へ潜水艦攻撃に行き、成果を上げ帰ってくるとの電報が入りました。「撃沈させてよかった」とみんな喜び、飛行場で待っていました。

運の悪いことに、ちょうど飛行機が上空に差し掛かるちょっと前にものすごいスコールが来たんです。飛行機は一旦着陸態勢に入り降下していましたが、先が見えないほどスコールが激しく着陸できません。

そのままエンジンを噴かしてまた上昇し、再度着陸態勢に入りました。そうしたところ、右旋回が少し早く右翼が椰子の木に引っ掛かり飛行場横の林に墜落してしまったのです。その衝撃で飛行機は大破し全員が亡くなりました。

遺体を捜し、ジャングルの枯れ木を集め一晩かかって火葬を行いました。その中に、大吉さんという指宿出身の方がおられました。同年だけど海軍では後輩になります。大吉さんは入れ歯をしていたので拾って紙に包み、骨と一緒に指宿に送りました。

戦後、帰ってきて大吉さんのお墓参りに行き、ご家族に現地（当時）の状況をお話ししたところ、「海軍省からの骨箱には位牌だけで、何も入っていませんでした」とのことでありました。届いたものとばかり思っていたので、本当に驚きました。

復員庁第二復員局（旧海軍省）に「私はこうして戦友のご家族へお骨と入れ歯を送還したのですが」と問い合わせてみたら、骨箱を積んだ輸送船が途中で敵に撃沈されていたことがわかりました。海軍省はまた骨箱を作って中に位牌だけ入れ届けていたのです。

毎年、大吉さんのお墓参りを欠かしたことはありません。今は指宿の西本願寺ですが。これも戦争のむごさです。

廣森さんは肩を落としました。

ちなみに「ホタル館富屋食堂」には、特攻の母鳥濱トメさんが「戦死を知らせる封書が届き、中には遺骨代わりに石が入っていた。『これでは納得がいかない。兄の最期を知りたい』と今も願い続ける弟」の悲話を残しています。「ホタル館富屋食堂」と鳥濱トメさんについては、第二章で詳しく触れます。

七、捕虜生活、そして帰還、現在まで

廣森　イギリスの捕虜になる時に持ち物の検査がありました。イギリス兵は教養が高く節度があると思っていましたが、取り上げたたくさんの時計を並べるように腕に巻きつけている者もおりました。自動巻きの時計は音がしないと、「こんなものは要《い》らん」と投げ捨てましたね。

捕虜生活では、飛行場建設や日本軍の残した弾薬庫の残務処理に従事させられました。イギリス兵は怠けると銃で突いてきましたよ。いろんな弾薬がありましたが、イギリス軍は海に沈めたのではないかと思います。

食事は、ご飯がわずかとスープのような味噌汁でした。現地人と親しくなってオクラの種子をバリケードの所に植えて食べていたこともありました。日本に種子を持ち帰って栽培した戦友もいます。オクラは最近でこそ多くの日本人が食べていますが、当時の日本では全然売れなかったようです。

また、ヘビやトカゲなど生き物を見てうまそうであれば、どうだろうかと何でも食べました。腹が減ったら見栄もプライドもありません。現地人は「トカゲが一番うまくて栄養があ

る」と言っていました。

作業中の着衣は、南方だから薄い破れた物で間に合わせることができました。日本に帰国する時のためにいい服は残しておいたのです。一九四七（昭和二十二）年六月、服に靴を履いて帰国の途に就きました。所持品はほとんどありません。お守りや「千人針」も持ち帰ることはできませんでした。先ほどお話ししたように写真も焼却していました。

帰国先の港は山口県の宇部でした。宇部で毛布を一枚もらいました。宇部からは汽車で指宿へ向かいました。

指宿の自宅に帰り着いたのは確か昼頃だったでしょうか、「やっと帰ってきたんだなあ」と胸がいっぱいになりました。ちょうど母たちは茶摘みをしていたらしく、弟が「兄ちゃんが帰ってきた」とそこへ連れていってくれました。

母たちは事前に知らされていないので、それはもうびっくり仰天しましたよ。いつ帰るかも連絡のしようがなかったのです。父は勤め先の郵便局に行っていて留守でした。

「何とか食べさせてやるから、家にいてくれないか」父は私にこう言いました。農地解放や山林解放で家の財産は少なくなっていたはずですが。

今思うと父は、激戦から特攻から生き残り帰ってきた長男の私をもう家から出したくなかったのではないか。野戦病院に入った時も手紙を出していましたし。安全安心な身近な場所で生活させたかったのでしょうね。
東京の学校にでも行こうかと考えていたのですが、結局私も地元の郵便局に勤めました。正義感が強く、曲がったことが嫌い、一本気な性格でした。
一九五〇（昭和二十五）年だったでしょうか。海軍の同期会があり、昔の土浦海軍航空隊の見学と靖国神社に行ってきました。

「何が生死を分けたのか」日々胸を痛める廣森さんに、どんな気持ちで靖国神社に参拝したか、私はあえて質問しませんでした。

廣森　鹿児島の戦友会に所属していました。毎年集まり、思い出話に花を咲かせましたが、仲間たちも次々この世を去り、十年ほど前に解散しました。

ちなみに、戦友会だけが唯一本音の話ができる場所だったらしいのです。

廣森　軍隊にいる間一番よく歌った『同期の桜』を戦友会でも歌いましたが、戦死した仲間の顔が浮かぶと生き残った者の引け目のようなものを感じました。先にも述べた通りです。

健康のため、そして子どもたちに日常お世話になっているので、今はトマトや自家用の野菜を作っています。これが楽しみ、生きがいでもあります。『現代農業』という雑誌で学んだ新しい作り方を取り入れてみたり。これが認知症の予防になっているのかも知れません。

床の間には『一期一會』の掛け軸が飾ってあります。私はこの言葉が好きなのです。海軍の飛行機乗りは、いつ死んでもおかしくない、明日は命なしの環境にありました。我が家では「今やれることを明日に延ばすな。悔いが残る」の意で家訓にもなっています。

八、戦争だけは絶対にしてはならない

廣森 人間は、実際鉄砲の弾が飛んでくると薄い紙でも板でもこんなして頭や顔を覆います。広大な飛行場で戦闘機が銃撃を始めた時は逃げ隠れできません。持っていた飛行バッグですばやく伏せます。それが人間の性格と

廣森さんのご自宅に飾られている
『一期一會』の掛け軸

いうものではないですか。

しかしながら、一旦銃座についたら怖さを忘れます。弾が飛んで来るのも忘れて一生懸命銃座で弾が飛んでいく方向を見ながら構えるんです。

事故の後はさすがにしばらく飛行機に乗るのが怖くなりますが、それも数回乗ったら消えてしまいます。


少し間を置き、廣森さんは珍しくやや語気を荒げて次のように言いました。


廣森　戦争は勝っても負けても本当にみじめなものです。操縦がうまく雑誌にもその名が載ったほどの零戦乗りだった頴娃の松永さんという方が、「何機落としたとか威張ってみたり、手柄話もしたけれどみじめなもんだ。対戦相手の戦闘機の人間同士には何の恨みもない。それなのに、命のやり取り。片一方は生き、片一方は死ぬ。お互い親兄弟がいるというのに」と、戦友会の懇親会の席でしみじみと語っていましたね。

「戦争は、人を人と思わないで、モノとして扱っています」

「人間が人間でなくなるのが戦争の怖さです」

「戦争は人間の運命を引き裂きます」

「戦争がいかに愚かしく、残酷で、悲惨なものか」
「どうして日本人はあんな戦争をやってしまったのでしょう」
「戦争の真実を知って、なお戦争をしようという人間はいないはずです」
「何がどうであろうとも、戦争だけは絶対にしてはいけません」

こうして廣森さんへのインタビューは二日間計四時間余りに及びましたが、終始興味の尽きることはありませんでした。驚くほどの記憶力であり、よどみなく真情を吐露して下さいました。また、発せられる言葉には一切余計なものがなく、一言一言が重く耳に響きました。今日まで心にしまってきた〝己の真実の物語〟をどう話すか、事前に入念に組み立てておられたのかも知れません。

インタビュアーとして、話を引き出すための質問もある程度考えていたのですが、変に口を挟まなくてよかったと今は思っています。

廣森　何がどうであろうとも、戦争だけは絶対にしてはいけません。どうか語り継いで下さい。

廣森さんは玄関先まで私を見送りながら繰り返し言いました。語り尽くした達成感からか、涼しい目もとと温和な笑顔が印象的でした。

第二章　特攻、かごしまの物語

一、特攻とは、何だったのか

「知覧基地」や「黒島」の物語を紹介する前に、特攻とは、何だったのか、概観してみましょう。

特攻、それは特別攻撃の略であり、航空機、潜水艦などに大きな爆弾を装着し、搭乗員もろとも、敵艦船に体当たりする作戦のことです。「神風特別攻撃隊」に始まります。

今語られる特攻は、ほとんどが航空特攻だけですが、実際には、自爆ボートや人間魚雷など水上・水中特攻など、様々な特攻がありました。日本の誇る戦艦大和も沖縄海上特攻の途中、アメリカ艦戦機の猛攻撃を受け、鹿児島県坊ノ岬沖で沈没しています。

ちなみに、『死の棘』などの作品で知られる島尾敏雄は、第十八震洋特攻隊隊長として（震洋は小型特攻ボート）、奄美群島加計呂麻島に赴任。一九四五（昭和二十）年八月十三日出撃命令が下るものの、待機中に終戦を迎えました。それら戦争体験をもとに『出発は遂に訪れず』『魚雷艇学生』などを執筆しています。

一九四四（昭和十九）年十月、特攻はフィリピン戦線で初めて決行されました。海軍の関行男大尉率いる「敷島隊」五機によってアメリカ空母一隻を撃沈し、さらに三隻を中小破しました（戦後の米軍の発表では一隻沈没、二隻大破）。

ちなみに、関行男大尉には新婚の奥さんがいました。彼は出撃前に、「自分は天皇陛下や日本帝国のために死ぬのではない。妻を護《まも》るために行くのだ。最愛の者のために死ぬのだ」と語ったといわれています。

アメリカ軍は、大打撃から特攻の意図を知り対処を進めます。その結果、特攻隊は目標に体当たりするどころか、近づくことさえ困難になるのですが、その後も日本は特攻をやめませんでした。

ちなみに、特攻隊の攻撃でアメリカ軍の約一万二千三百人が死亡、約三万六千人がケガを負ったとされています。

それでも敵軍の損害は少ないものでした。出撃前にわずか一週間程度の錬成飛行をしたところで、自ずと限界があります。搭乗員の練度が低く、操縦もままならなかったこと、第一線から退いた老朽機・九百機、練習用飛行機・千二百機が投入されたこと、燃料不足から、松ヤニを精製した航空燃料で出撃せざるを得なかったことなど様々な理由が挙げられます。

さらに補足すると、小型戦闘機に二百五十キロ爆弾を装着させて重量が加わると、速度が出なくなり、敵機の餌食になります。結局最後には、無線機も外し、機関銃もやめてしまいました。レーダーなど最初からありませんでした。

その結果、出撃した特攻機の約三分の一が機体不良で基地に帰ってくるか、不時着および海没しました。また、残りの三分の二にせよ、そのほとんどが途中で敵戦隊に発見、撃墜されていて、目的地の沖縄海域に着けませんでした。

すべて、そのような愚かな計画を立て決行させた戦争指導部の問題でありますが、「犬死に」といわれても仕方ありません。

特攻作戦に自らの身を投じたのは、ほとんどが十代の半ばで予科練などに進んだ少年航空兵と、一九四三（昭和十八）年に、大学を繰り上げ卒業し志願入隊したか、同じ年、学業半ばで徴兵され、学徒出陣をした青年航空兵でした。

「特攻隊を初めて目の当たりにしたとき、私たちは彼らを憎むべき敵兵とは思えなかった。同情を禁じえなかった。彼らのほとんどは家に帰れば母親の作った料理をもりもり食べていたであろう少年兵にすぎなかった。アメリカの少年と同じように」

当時のアメリカ人が語っていた言葉です。アッツ島玉砕の日本兵の様子も、アメリカの兵隊が手記として次のように書き残しています。

「とにかく日本兵はみんな満身創痍で、足を引きずりながら総攻撃をかけてくる。あろうことか、米軍が並べた機関銃の前に刀で斬り込んでくる。それを見た米兵は、これはもはや戦争ではない、頼むから来ないでくれと祈るしかなかったと。降伏しろと放送で呼びかけても、日本兵は前進をやめなかった。仕方ないから米兵は彼らを撃ったというわけです」（保阪正康他『対談　戦争とこの国の150年』山川出版社、二〇一九年）

特攻隊員は、戦中は軍神と崇められる半面、尊い命を消耗品のごとく扱われ、終戦を迎えた途端に、その目的を奪われ茫然自失に陥りました。

敗戦国になり、戦勝国の流儀を受け入れた世間の目は、彼らに手のひらを返したように冷たくなりました。

戦友との約束を果たせないまま、命を永らえ復帰した「生き残り特攻隊員」に浴びせられたのは、「一人だけ、おめおめと生きて帰ってきやがって……」という心ない言葉でした。行き場のなくなった一部の青年たちは愚連隊《ぐれんたい》（不良仲間）となり、「特攻くずれ」という言葉まで生まれました。

「特攻」は、そのまま、旧日本軍の忌まわしい記憶としてしばらく封印されていましたが、時の経過につれ、様々な議論がなされるようになりました。

特攻隊員の死は、祖国を守った「崇高な犠牲」か、それとも死ななくてもいい戦争で犠牲となった「無駄死に」だったのか。祖国日本を救った「誇るべき」存在か、それとも無意味な行為、あるいは人道に反する生命軽視として「批判すべき」存在か。大きくは「英霊論」と「犬死論」に分かれているようです。

二、「知覧基地」

本土最南端の鹿児島県には、沖縄戦の支援や続く本土決戦に備えるため、「特攻銀座」と呼ばれるほど、様々な特攻隊の出撃基地が置かれました。

「知覧特攻平和会館」や特攻隊戦没者慰霊顕彰会の資料を集計すると、鹿児島から出撃し亡くなったのは二千二百三十六人。大戦中の特攻戦没者五千八百五十二人の四割近くを占めます。正確な戦没者数は戦後の軍による資料焼却などでいまだにわかっていません。著書等によって数字が異なります。

【鹿児島県内の主な特攻拠点と特攻戦没者数】

■陸軍

知覧、四百三人（年齢は十七歳から三十二歳。平均年齢なんと二十一歳六カ月）

万世、百二十一人　徳之島、十四人

喜界島、二十三人　鹿屋、十二人

■海軍

鹿屋、八百三十三人　串良、三百四十一人
国分第一、百六十七人　国分第二、百八十五人　指宿、七十五人　出水、四十一人
鹿児島、十二人　古仁屋、七人
喜界島、二人

（南日本新聞社『特攻この地より』二〇一六年）

たとえこの特攻作戦が軍の重要機密事項だったとはいえ、いかに隊員の命が軽く扱われていたかと思えてなりません。人間は爆弾ではないのです。

特攻の生みの親といわれている大西瀧治郎中将自ら、「これは、統率の外道《げどう》である」との言葉を残しています。

太平洋戦争の末期、多くの若者が「知覧基地」から、沖縄戦線に向けて特攻隊員として飛び立って行きました。

「知覧特攻平和会館」を訪れ、特攻隊員の写真や、国・家族・恋人を思う多くの遺書を見ると、涙があふれて止まりません。

死と隣り合わせにありながら、高い精神性、純粋な心、達観して死んでいく覚悟など、隊

員の人間としての美しい姿に胸を揺さぶられるのです。

その特攻隊員を親身にお世話し、明日死にゆく彼らの思いをくみとり、彼らを温かく包み、そして見送った女性がいました。「特攻の母」と慕われた「富屋食堂」の女主人・鳥濱トメさんです。

二〇二〇（令和二）年二月二十日、「ホタル館富屋食堂」「知覧特攻平和会館」等を見学し、トメさんの孫で館長の鳥濱明久さんにもお話を伺いました。「ホタル館富屋食堂」は特攻隊員が出撃前に通っていた富屋食堂を当時のままに再現、内部は資料館として復元した建物です。

また明久さんには、『知覧いのちの物語』という著書があります。知覧が特攻基地になった経緯やトメさんの生涯、特攻隊員との触れ合いが、家族の観点から書かれています。

この著書と「ホタル館富屋食堂」「知覧特攻平和会館」等の見学から知り得た内容に、私の知識や感想など折り込みながら「知覧基地」の物語をこれからつづっていくことにします。

「ホタル館富屋食堂」に入ると、正面に特攻隊員とトメさんの写真がまず目に留まります。とてもみんなの笑顔が素敵です。その下には、トメさんの和歌「散る為に　咲いてくれたか桜花　散るほどものの　みごとなりけり」が掲げてありました。

その後方には、飛行バッグ（陸軍が白、海軍が緑）と小さなミシンが展示されています。トメさんの長女の美阿子さんは、このミシンで隊員のマフラーやタスキを何枚も縫い上げました。

バッグとミシンの反対側には、針が午後九時を指した富屋食堂のラジオが展示されています。隊員たちは毎夜九時に流れる戦況のニュースをこのラジオで聴いていました。

館内には童謡・唱歌『ふるさと』のＢＧＭが流れています。ここでも眠る（私はそう信じたい）隊員たちは、なつかしい山や川、父母や友だちのいるふるさとを今きっと駆け巡っているに違いありません。

「ここにあるのは、トメのアルバムから預かったものなんです」

明久さんが現れました。トメさんは、年を取って忘れてしまわないよう、引き継いでいけるようにと八十歳になってから手記を書き始めたのだそうです。記憶力の良さにも感心しますが、特攻隊員のことがいっときも忘れられなかったのだろうと思います。

明久さんは、講演を控えてお忙しい中、時間の許す限り貴重なお話を聞かせて下さいました。後でまとめて記します。

館内の側壁は主にトメさんのアルバム（手記や写真など）をもとに製作されたパネルで占められており、パネルには、特攻隊員の写真、氏名（出身県）、所属（第〇振武隊）が添えてあります。

パネルには、「アリラン」「我が子見ずして」「最後の家族写真」「同期の桜たち」「右手きかずとも」「子犬と特攻隊員」「尺八と共に」「石になって帰って来た兄」「自由主義の勝利」などの様々なタイトルが付けられ、それぞれに胸を打つ秘話（悲話）がちりばめられているのです。


軍指定食堂の「富屋食堂」は、特攻隊員の安らぎの場所でした。隊員の多くは十代、まだ母親に甘える年齢です。トメさんの親切さ・明るさ・気っぷのよさ・面倒見のよさに、少年たちは自分の母親以上に甘えました。

有名な「子犬と特攻隊員」の写真を目にしたことはありませんか。みんなあどけない顔をした少年兵です。中央で子犬を抱いているのが最年少十七歳の荒木幸雄伍長。おとなしい人柄でまじめで色白の美少年でした。

トメさんは、好きな着物など箪笥《たんす》の中身だけでなく、箪笥そのもの、そのほかの家財まで売り払って、隊員のために食料や焼酎を確保していました。

トメさんは我が子のような隊員を送るたびに、どのような気持ちだったのでしょうか、想像を絶します。

出撃前後の隊員とトメさんの秘話（悲話）をいくつか紹介したいと思います。

「アリラン　アリラン　アラリよ　アリラン峠を越えてゆく　私を捨ててゆかれるあなたは　十里もゆけずに　足が痛む……」

光山文博（卓庚鉉《タクキョンヒョン》）少尉は、特攻の前日、「私は朝鮮人です。最後に故郷の歌を歌わせてください」と、朝鮮民謡『アリラン』をトメさんに聞かせ、翌日、帰らぬ人となりました。

当時、朝鮮半島は日本と併合されていたため、光山少尉をはじめ朝鮮の青年は日本軍の戦闘要員になっていました。食堂内で朝鮮の歌は歌ってはいけなかったのです。一番二番は日本語、三番だけは韓国語で大声で歌いました。

そして光山少尉はトメさんに、形見として黄色い財布と写真を渡します。トメさんと長女の美阿子さん・次女の礼子さんが光山少尉に三人の写真と手作りのマスコットを渡すと、「ありがとう。みんなと一緒に出撃できるなんてこんなにうれしいことはない」と言って、大きく手を振り灯火管制下の闇に消えて行きました。

トメさんは亡くなるまで、光山少尉の遺族を探し続けましたが、その思いは叶いませんでした。なお、「ホタル館富屋食堂」には、光山少尉が『アリラン』を歌った座敷も復元されています。

宮川三郎軍曹は「僕は死んでもホタルとなって帰ってきます」と言って、飛び立ちました。その夜、本当に一匹のホタルが飛んできて、隊員たちのいる食堂の中に舞い込み、柱の中ほどに止まったのです（館内には、ホタルが止まった場所も印してあります）。トメさんは宮川軍曹を思い、「みんなで『同期の桜』を歌いましょう」と、呼びかけました。

そこに、ひとり酒をあおりながら一匹のホタルをじっと見つめる隊員の姿がありました。滝本恵之助伍長です。宮川軍曹は実際は「仲間の滝本伍長と一緒に、二匹のホタルとなって帰ってきます」と言って出撃していました。宮川軍曹は本当なら、自分（滝本）というホタルと二匹で飛んでくるところだったのです。

二人には機体の調子が悪く、一度出撃途中から引き返してきた過去がありました。「今度こそ」の思いで飛び立った二人でしたが、再び天候悪化で有視界飛行が無理になります。滝本伍長は何度も宮川機に「引き返そう」と合図しますが、宮川軍曹はそれを身振りで拒絶し、沖縄へ向かってしまいました。滝本伍長は結局、自分だけ反転して基地へ帰ってきていたのです。

滝本伍長は戦後間もなく、宮川軍曹の遺族を訪ね、宮川軍曹との思い出や最後の別れ場面など話しています。ところが、一週間たつかたたないうちに、滝本伍長が亡くなったとの知らせが入るのです。死因は誰も口にしませんが、特攻隊員の悲劇は、戦争が終わっても続いていたことがわかります。

ホタルにまつわる秘話を、もう一つ付け加えておきたいと思います。

「小母《おば》さん元気で長生きしてください。ぼくは人生五十年の半分にも満たない、二十年で死んでいきます。残りの三十年分の命は小母さんに上げるから、必ず長生きできるよ」

勝又勝男少尉は、こう言い残して飛び立っていきました。「勝又さんから三十年分の命をもらったのだから、長生きするよ」。遺言を信じ感謝しながら生きたトメさんは、一九九二(平成四)年四月二十二日夕刻、八十九歳十カ月の天寿を全うしました。九十歳目前でした。

帰らぬ人となったその日の深夜、一匹のホタルが、弱い光を発しながら飛んできて、トメさんの遺体の置かれている部屋に向かい、そのままいなくなりました。ホタルは幻ではありません。家族がその不思議な光景を目にした時の驚きようといったらなかったと思います。

「いざこの国を守らん。若い命よ、すまん」

二十九歳と異例の高齢だった藤井一中尉は、こう言い残して、二人乗りの特攻機に乗り、教え子たちとともに出撃していきました。「教え子だけを死地に征かせるわけにはいかない。

君たちのあとを追うぞ」と強い決意を抱いていたのです。彼は、少年たちを教えていた埼玉県の熊谷飛行学校の先生でした。地上で教えていた教官だったため操縦ができず、二人乗りに乗ったのです。

藤井中尉は、奥さんが生後間もない女の赤ちゃんを抱いた写真を、いつも肌身離さず持っていました。藤井中尉は特攻志願前、「もはやこの国は崩壊する。そうなればお前たち三人を、俺は守ってやれないのだ」と奥さんに言い聞かせ、「二人の娘のために生きて下さい」と奥さんが泣いて懇願すると、「どうしても俺は教え子のために、沖縄の海へ行かねばならないのだ。わかってくれ」と説得しました。固い夫の決意を知った奥さんは、その後、幼い二人の娘を胸に抱き、荒川に身を投げてしまいます。藤井中尉は、教え子たちには妻と子の死は隠していました。悲愴すぎて何とも言葉が見つかりません。

最後は上原良司少尉です。私は「こんな隊員もいたのか」と驚きを持って、早くから彼に注目していました。

「小母さん、日本は負けるよ」

食堂に来るたびに、トメさんに小声で言う上原少尉に、トメさんは「そんなことを言ってはいけない。ここには（軍隊内の秩序と規律を維持する任務の）憲兵もいるんだから、気をつけなさいよ」と、やさしく、しかし厳しく注意しました。

「全体主義で、戦争に勝つことはできません。日本も負けますよ。私は軍隊でどんなに教育されても、この考えを変えることはできません」

上原少尉はまた、特攻隊員たちの集まっている場所で、陸軍報道班員の高木俊朗にもこのように語っていました。軍内で明らかになれば厳罰が下ったでしょうに。

上原少尉は慶応義塾大学経済学部出身で、遺本がイタリアの自由哲学者クローチェの作品というようなインテリでした。

「……戦争において勝敗をえんとすればその国の主義を見れば事前において判明すると思います。人間の本性に合った自然な主義を持った国の勝戦は火を見るより明らかであると思います。私の理想は空しく敗れました。……」

彼の遺書の一部です。日本戦没学生の手記『きけ　わだつみのこえ』の巻頭に掲載されています。

「……空の特攻隊のパイロットは一機械にすぎぬと一友人が言ったことは確かです。操縦桿《かん》を操る機械。人格もなく感情もなく論理性もなく只《ただ》敵の航空母艦に向かって吸い付く磁石の中の鉄の一分子に過ぎません。理性を持って考えたなら実に考えられぬ事で、しいて考えれば、自殺者とでも言えましょうか。明日は自由主義者が一人この世から去っていきます。

彼の後姿は淋しいですが、心中満足で一杯です」

こちらは上原少尉が、出撃前夜、高木俊朗へ渡した「所感」と書かれたノートの一部です。日本は滅びると信じて飛行兵に志願してきた彼は、将来日本が自由独立するために喜んで命を捧げたのでした。

鹿児島の特攻基地でやはり料理屋を営んでいた吉田勇吉さんという方が、特攻に行く学生について「明日は死ぬというのに勉強している。これには頭が下がりました。命もかける、勉強もする……」と言い残しています。上原少尉はその典型だったのかも知れません。

戦争によって知性が失われていく中、自らの人格が崩壊していく中、彼らの精神を救ってくれたのは紛れもなく、大学で身につけた教養、歌や詩や哲学などだったのではないでしょうか。

特攻の前夜まで、『万葉集』や永遠の青春の書といわれた阿部次郎『三太郎の日記』、あるいはニーチェを読んでいたのです。

まだまだ紹介しきれるものではありませんが、このくらいにしておきます。「ホタル館富屋食堂」を見学すると、「出撃までの（青春の）日々の中に、濃密な時間、人を思いやる優しさ、誠実な心があった。愛があり、友情があり、淡い恋もあった」ことが切々と伝わってきます。ぜひ実際に足を運んでみて下さい。

ところで、トメさんは特攻隊員の写真や手紙を密かに預かり、故郷の父母に、憲兵に見つからないように、そっと出してやっていました。わかれば絞首刑です。それでもトメさんは、軍の秘密を漏らすような内容でなければ、そっと食堂の隅で書かせてやり、本人が望めば、命がけで近くの郵便ポストから、それを出してやったのです。

またトメさんは、自ら隊員の遺族に手紙を書きました。「『玉子の吸い物にシイタケを入れて食べたい』とのことでしたので、思いの通りにしてあげました」。出撃後すぐトメさんは、中島豊蔵軍曹の父親に手紙を出しています。中島軍曹は右手をケガしていたのですが、トメさんは、両親が無用の心配をせぬようそのことには触れませんでした。

さて、特攻隊員を語る時、忘れてはならない存在があります。「なでしこ隊」と呼ばれた知覧高等女学校の生徒たちです。特攻隊員らの身のまわりの世話、洗濯、食事の運搬などを行っていました。

「知覧基地の（三角）兵舎は、飛行場周辺の松林の中に散在していました。半地下式、木造のバラック建てで、屋根の上には大きな木が横倒しになって擬装されていました」

「一夜の雨露さえしのげればいいような粗末な造りで、風通しも悪く、中はいつもじめじめとしていました。（中略）隊によっては、シラミのわいている人もいました」

なでしこ隊だった永崎笙子さんの書き残した文章です。

彼女たちは、最後のお別れとして隊員たちにマスコットを差し上げたり、桜の枝を持ち、隊員たちを見送ったりもしました。その朝、食堂の厨房の隅でただただ泣いていた女生徒もいたようです。

胸を打たれた戦時中の手紙がある。鹿児島県の知覧女学校の生徒が書いたものである。知覧は陸軍の特攻基地のあった町で、女学生たちが掃除や洗濯など、特攻兵の身のまわりの世話をした。担当した特攻兵が出撃すると、彼女たちはその両親に、出撃の日付、すなわち命日を知らせる手紙を書いた。

中野ミエ子という十四歳の女学生が、岐阜県出身の岩井定好という伍長の自宅に手紙を書くと、折り返し父親から、出撃前の息子の様子を知らせてほしいという手紙が来た。彼女はもういちど手紙を書き、彼の最後の言葉を伝えた。

「なんと情け深い方でございましたでしょう。〝おれはお父母上を見たいが、又会ったら母がなげいて一週間ぐらい眠らないとかわいそうだから、もう会わない方がよい。自分は見たら死ぬだけだからよいが、後で思う人がかわいそうよ。死ぬまでに一目でもぱっと妹を見て死にたい〟と言っていました」

これは、私が知覧を訪ねたときに特攻平和記念会館で買いもとめた『群青　知覧特攻基地より』(高城書房出版、一九七九年)という本に載っていた手紙である。二十歳そこそこの特攻兵の〝一目でもぱっと妹を見て死にたい〟という言葉に涙したが、同時に、こんな手紙を、たった十四歳の少女に書かせることになった戦争の残酷さに怒りを覚えた。

ごく普通の女性たちが書いた手紙から、忘れてはいけない歴史が見えてくる。手紙の力というものに、あらためて思いをはせた。

ノンフィクション作家の梯久美子が著書でこう述べています。深く印象に残ったので、引用しました(『好きになった人』ちくま文庫、二〇一八年)。

「あの人たちの死を、無駄にしてはならない。自分のこれからは、あの子たちだけでなく、日本国のために死んでいった、特攻隊員全員のために捧げなければならない」

一九四五(昭和二十)年八月十五日、日本は負けて、戦争は終わりました。トメさんは、今日から特攻隊員を弔い続けようと決心しました。

「ホタル館富屋食堂」二階に『参拝の日々』と題した文が掲示してあります。

「トメは爆破された特攻機の近くに一本の棒を立てた。『これがあの子たちの墓標だよ』そう言って毎日のように、一本の棒を拝み続けた。いつしかトメは、人々から『特攻の母』と呼ばれるようになった。昭和三十年、知覧のやさしい人々の力を借り特攻観音堂が建てられた。トメの参拝の日々は終わることなく続けられたが、孫たちを連れて参っても、参拝する人影はなかった。ところが昭和四十年のある日、子どもたちがトメに近寄り掃除を手伝い参拝してくれた。トメは必死に特攻隊の話をした。やがてその小さな輪は大きくなっていった」

ちなみに、この子どもたちとは、薩南工業高校の寄宿舎の寮生を指します。トメさんのやさしい心根に深く打たれて、自発的に清掃作業を手伝うようになったのです。

一九四六（昭和二十一）年一月、残っていた数機の飛行機が燃やされました。荒野然とした野原にスクラップ同然に積み上げられていたものです。我が子同様だった隊員たちとの最後のきずなが、黒煙とともに焼け落ちていきます。涙なくしては見ていられませんでした。トメさんは、その荒野から一本の棒杭を拾うと、軟らかそうな土に差し込みました。棒杭は「あの子たちの墓標」になったのです。

こうしてトメさんの棒杭参りが始まりました。一九五五（昭和三十）年九月には、知覧町長への直訴や町の有力者への呼びかけが実り、観音像が完成し安置されます（観音堂）。「特攻平和観音像」と名付けられました。トメさんが「特攻」の二文字を入れて下さいとお願いしたそうです。その後は、毎日のように観音参りが続きました。そして一九七五（昭和五十）年に建設された「知覧特攻遺品館」を経て、一九八七（昭和六十二）年二月、現在の「特攻平和会館」がオープンしました。二〇〇一（平成十三）年十月には、「ホタル館富屋食堂」が再現・復元され今に至っているのです。

トメさんは、石原慎太郎とも交流がありました。石原慎太郎は、よく知られているように国会議員や東京都知事も務めた作家です。

それから知覧に行ってさ。（中略）たまたま富屋のトメさんっていうお婆さんがいた。そこで初めて会って話を聞いて、最初あぐらかいてたんだけど話聞いているうちに、サツマイモ出してもらってお茶飲みながら聞いてたら、知らないうちに正座してたね。それからトメさんと親しくなって行くたびに会ってさ。特攻神社ができたり、特攻平和会館ができたりするの、僕も色々サポートしたんだ。

石原慎太郎が坂本忠雄との共著『昔は面白かったな』（新潮新書、二〇一九年）でこのように語っています。

「まず何より先に、観音堂にお参りしてからにして下さい」

この時トメさんは、石原と会うのを一旦断りました。当時、運輸大臣でしたから、ふつうだと怒り出すところかも知れませんが、石原は「さすがに特攻の母だ」と信頼感が増して、言われる通りもう一度引き返し観音堂に参詣してからトメさんに会っているのです。

石原は、トメさんのことを「生きた菩薩」とも呼んでいます。「ホタル館富屋食堂」の二階には、トメさんと石原のツーショットの写真が飾ってありました。

トメさんの孫で「ホタル館富屋食堂」館長の鳥濱明久さんから貴重なお話を伺いました。『知覧いのちの物語』の中で述べておられる内容と併せて紹介したいと思います。

観音詣でなど幼少よりトメさんのそばに寄り添った明久さんは、そのうち、トメさんより、特攻隊員の名前をしっかり覚えてしまいました。

「祖母トメの話を聞き、残された写真を見ていくうちに、隊員はまるで会ったことのあるような、いや一緒に暮らして、苦しみを分け合っていた人物になっていました」

「トメから戦争の恐ろしさ、特攻の悲惨さ、残された遺族のつらさ、そして誰よりも何よりも、明日、沖縄の海目がけて死の旅路につく少年たちの悲痛さを、じかに祖母から聞いたのは、私ひとりしかいません。トメを祖母にもった私は、これらの話をして生きていく以外、道はありません」

「平和会館が表なら、ホタル館は裏なんです。ここには人間としての隊員がいます」

表と裏は、言い得て妙だと思います。二つが揃ってあってこそ、知覧特攻の真実の物語が語れるのですから。

「あくまでも特攻隊という存在は、軍の規制の中にありました。軍がつくり上げたイメージと一人ひとりの兵士たちとの思いとは、まったく異なっています。美化されすぎてもいけませんが、逆におとしめすぎてもなりません」

「若者たちに死を命令した司令官たちは、『決してお前たちだけを死なせない。最後の一機で必ず私はお前たちの後を追う』と言っていながら、部下に対しての約束を破り、その多くが生き残りました。海軍の司令官は、終戦の報を聞いたあとで、一人で行くべきを、数十人の部下を連れて沖縄の海岸に突入しております。彼ら陸海の司令官の命令がなければ、前途有為な数千名の若者の命が、散ることはなかったのです。そういう教訓を含めて、知覧の悲劇を語っていきたいと思うのです。それこそが祖母トメの終生の願いだったのです」

「『笑って征った子は一人もいなかった』

笑って征ったなど、とんでもありません。トメによると、『震えておった』のです」

「飛行バッグには、遺影用の写真と遺書しか入れられません。それ以外ははねられました。

だから、家族や恋人の写真は、トメに預けたのです。特攻隊員は死んで帰ってこないことになっていますから、パラシュートもダメでした。古いものは首に巻き、使えるのは後輩に渡していきました」

「小林威夫少尉は、大分の海上で事故死となっていましたが、大分に行った記録がありませんでした。そうしたところ、実際は知覧から出撃していたことがトメが両親に出した手紙からわかったんです。戦後四十五年が経っていました」

「黒島から知覧基地に複隊し、再出撃する安部正也少尉は『おまえに与える飛行機などない』と言われ、トメら家族に『これから福岡第六航空軍に直訴して飛行機をもらってきます』と語っています」

「黒島から柴田信也少尉や安部少尉らが帰ってくるんですから、トメは『徳之島・奄美・沖縄からも帰ってくるんじゃないか、本当に死んだんだろうか』と思っていました」

「柴田少尉は戦後ここを訪れ、幼い私と遊んでくれました。大火傷の痕《あと》が怖かったことを思い出します。ほかにも手のない人、足のない人などいらして怖かったですが、みんな心はやさしい人たちでした」

（柴田少尉や安部少尉らの物語は、次項三の「黒島」で詳述します）

明久さんの話にあった「我々も後に続く」と言っていながら、約束を破り生き残った無責任な将官（司令官）について付け加えておきたいと思います。

彼らには、戦後、多くのジャーナリストの取材が殺到しました。ある者はとにかく逃げ回り、一言も答えなかった。ある者は『あれは戦時下のことだ』と開き直った。またある者は土下座をして『申し訳ない』とくり返したと報告されています。散っていった特攻隊員にとても顔向けできる態度ではありません。

その一方で、戦後すぐに隊員の遺族の家を一軒一軒訪ね歩き謝罪して回った飛行隊の隊長がいます。この隊長は、最後の遺族訪問の帰り、鉄道自殺しました。「私も後に続く」との意思を表した予定の行動だったといわれています。


帰り際、記帳しようと「来館者名簿」を見ると、遠くは青森・宮城をはじめ全国から見学に訪れていました。横には、正則高等学校「九州学習旅行文集」と「感想ノート」が置いてありました。

「今の日本があるのは、皆様のおかげです。たくさんの夢と希望を戦争に奪われ、本当に苦しくどんなに辛かったか。一生懸命、生きます」

「もっと多くの人に知って欲しいと思います。彼らの無念を語り継ぐべきです。このような場所があったのは、彼らにとって救いであったことでしょう」

「鳥濱トメ様がおられなかったら、日本は恩知らずの国となるところでした。終戦後、特攻くずれなどと元隊員を白い目でみていた日本国民、本当の深い意味、大切なことを忘れてはいけないと思います。意味ある一生を過ごすことの大切さ、『一日一生』それこそが私たちの心すべきことと感じました。トメ様ありがとうございました」……

読むにつれ涙があふれてきて、感想を共有したり、感想に共感することの大切さを身にしみて知りました。

余韻さめやらぬ中、当時の知覧に思いを馳せながら、歩いて「知覧特攻平和会館」へ向かいました。

会館のすぐ手前に『俺は、君のためにこそ死ににいく』と『ホタル』という二つの映画の石碑があります。

石原慎太郎は後に、トメさんと特攻隊員の交流という史実に基づき『俺は、君のためにこそ死ににいく』（二〇〇七年五月公開）という映画を製作しました。自ら総指揮・脚本を手がけました。岸恵子がトメさん役を演じています。

「私は縁あって、特攻隊の母といわれた鳥濱トメさんから、隊員たちの秘められた、悲しくも美しい話を聞くことができました。雄々しく美しかった、かつての日本人の姿を伝えて残したいと思います」

映画の冒頭に出る石原慎太郎のメッセージです。

『ホタル』（二〇〇一年五月公開／高倉健主演）は、元特攻隊員と妻の戦後を描いた故降旗康男監督の晩年の作品です。降旗監督は、日頃から反戦や平和への強い思いを抱いていました。

降旗監督は、長野県にいた子ども時代、ある教師に「この戦争は負ける。少年兵なんかに志願しちゃダメだ」と諭された。特攻隊の出撃拠点の知覧へ出発前の隊員からは「兵隊なんか志願しないでおまえたちは勉強して外交官になれ。科学者になれ。そうして日本を立て直すんだ」と言われたと話しています。

しっかり日本の行く末を見つめ、堂々とそういう発言を当時、子どもたちにしていた教師や隊員の存在には頭が下がります。

次に「特攻平和観音堂」で手を合わせ、特攻隊員が出撃するまで起居していた「三角兵舎」に立ち寄りました。実際の建物は、先ほども触れましたが、この模型とは大きく違ったものでした。わら布団と毛布だけ。飛び立った隊員の枕には涙がしみていたといわれています。

いよいよ最終目的の「知覧特攻平和会館」に到着しました。特攻隊員の遺影、遺品、記録など貴重な資料を収集・保存・展示しています。鳥濱トメさんやなでしこ隊だった永崎笙子さんの映像コーナーもあります。

二月のウイークデーにもかかわらず、県外からの団体客等で予想以上に見学者がいます。年輩者が多い中で、卒業旅行だという大学生など若者もちらほら。年間四十万人弱の来館者があるそうです。「百聞は一見に如かず」。まだの人はぜひ会館へ足を運んでほしいと思います。

戦後七十五年に合わせて、四月から二十五歳の女性学芸員を一人補充、三人態勢になりました。整理や検証の充実、若い感性を生かした展示が期待されます。

「熊本から来ました。自分と二、三歳しか変わらない人が自分の命をかけて国のために働くなんてすごいと思いました。でも、絶対に怖さはあったと思います。その当時の政府は一人の命なんて全く重みを感じてなかったのでしょう。戦争中だから、こんなにも最低の考えができたのだと思います。人の命が亡くなることに良いことなんて全くありません。私も平和な世界をつくる一員となりたいです」

ここには『平和のみちしるべ』という感想文集が置いてありました。十五歳の中学生が書いたものです。

「なぜ生きのこったのか考えなさい　何かあなたにしなければならないことがあって　生かされたのだから」

この項を、トメさんのこの言葉で締めることとします。

三、「黒島」

一九四五（昭和二十）年四月ごろから、黒島に特攻隊員の遺体が流れ着くようになりました。出撃機が沖縄へ向かう飛行ルート上に島があり、先にも触れたように、ろくに訓練も受けていない学徒兵や少年兵が操縦する整備不良の飛行機が海に墜落、もしくは不時着するのです。

島の人たちは、貧しい暮らしの中、不時着した陸軍三機、海軍一機から生きて流れ着いた六人の若き隊員を必死で助けようとしました。娘たちの懸命の介抱で命を救われた隊員もいます。

黒島は知覧の南西約七十五キロに位置する人口二百人に満たない（令和元年四月一日現在百六十六人）小さな島です。東西に大里と片泊の二つの集落があります。作家有吉佐和子の小説『私は忘れない』の舞台でも知られています（「有吉佐和子文学顕彰碑」が建立されている）。

実は私は、この黒島を訪れたことがあるのです。一九六七（昭和四十二）年四月〜一九七〇（昭和四十五）年三月、父が大里小・中学校に教頭として勤務しておりました。本土（内地）に残っていた私は、昭和四十二年の夏休みに大里へ行きました。当時は三幸丸という名の村営船、港には接岸できず、はしけでおそるおそる渡ったことを思い出します。また電気も夜間のみの時間送電、当時でもそのような島でした。

これから心優しきこの島の特攻秘話（悲話）を紹介するわけですが、島に滞在中も、その後もこの物語を耳にしたことはありませんでした。黒島のタイトルにひかれて『黒島を忘れない』という本を手にするまでは。

一九四五（昭和二十）年四月十五日、知覧基地から飛び立った柴田信也少尉機が不時着。魚釣りに来ていた二人の少年が、島の南部、大平瀬という断崖絶壁の下で発見しました。少年の一人が大里集落に大人を呼びに走ります。黒島では、陸地から移動するよりも、船を漕いだ方が早い。柴田少尉は小さな櫓《ろ》漕ぎの舟（伝馬船）に乗せられ、大里集落へ連れて行かれました。ひん死の重傷でした。

四月二十九日、同じく知覧基地から飛び立った安部正也少尉機が不時着。幸い大里集落付近の沖でした。安部少尉は奇跡的にほとんど無傷で、フワフワと潮流に流されているところを救助されたのです。

五月十一日、串良基地を出撃した海軍の神風特別攻撃隊の「九七式艦上攻撃機（二十一歳の機長兼偵察員・江名武彦少尉、十八歳の電信員・前田長明、二十歳の操縦員・梅本満両二飛曹搭乗）」が、さらに六月には、知覧基地を出撃した中村憲太郎少尉機が相次いで不時着。島の人たちに助けられました。


柴田少尉は、墜落時の激突により骨折と裂傷、全身に大火傷を負い、島民の看病を受けることになります。

島には、電気も医療機関も、十分な食料も医療器具・薬もありません。「この人は助からないだろう」と島民の誰もが思いました。柴田少尉の回復は絶望的だったのです。

できることといえば、火傷に効くとされるキュウリの腐った汁やヨモギを傷口に塗ってあげることぐらいしかありません。ほどなくして、傷口からうじ虫がわくようになりました。

食べ物も、〝軍神〟（軍は特攻隊員を神にした）である柴田少尉に、から芋を食べさせるわけにはいきません。大事に蓄えていた白米をかき集め、かゆにして食べさせました。

ちなみに、島の人たちはから芋がなくなってくると、葛《くず》の根から搾《しぼ》り出す「カンネ」と呼ぶ、デンプンの団子を作って飢えをしのいでいました。少しでも量を増やすため、「カンネ」に芋づるや、葛の根を叩いて残ったものまで混ぜ、それをすいとんにして食べたりもしました。

ついには、昔から火傷によく効くといわれていた馬の油をとるために、集落にたった一頭残っていた大切な馬を殺し、潰《つぶ》します。そうしてまでも島の人たちは柴田少尉を助けたかったのです。

それでも、乙女会の娘たちをはじめ島民の懸命な看護にもかかわらず、柴田少尉の容態は一向に良くなりません。手も足も丸太のように腫れ、高熱にうなされ、時折意識は混乱する。異常なほど高揚したかと思うと、突然恐怖におののくのでした。

どうやら、混濁した意識の中では、いまだに飛行機を操縦し、南の空に向かっているようなのです。そして、悪夢の中で柴田少尉は、何回も何回も敵の輸送船めがけて体当たりしていました。

そんな柴田少尉の精神力の強さを目の当たりにした娘たちは、この人が置かれていた、恐ろしいほど過酷な状況を思い知ったのです。

夢から覚めても、柴田少尉の行動は娘たちの手に余るものでした。ただれた皮膚をうじ虫が食い散らかす激痛は耐えがたいと見え、半狂乱であたり構わず罵倒し、当たり散らすのです。

それでも娘たちはひるむことなく、柴田少尉に気づかれないように、うじ虫を辛抱強く一つ一つ取り除き、薬を塗り続けました。特に乙女会会長の日高シナは、寝る間も惜しんで、ほぼ徹夜の看病を続ける献身ぶりでした。

しかし、「柴田少尉は、今夜が山だろう」。ある夜更け、そんな努力も終わりを告げる時がやって来ます。「せめて、何か柴田少尉の口に入るものを……」。ふと野イチゴを思い出し、娘たちはずぶ濡れになって探しまわり採ってきました。

シナが野イチゴを指で潰しながら口に含ませると、一体どこにそんな力が残っていたのか、柴田少尉は、その汁を飲み込み、わずかに口を動かして食べようとするのでした。時間をかけて、数粒の野イチゴを食べ終えたとき、シナは柴田少尉の顔に精気が蘇ったように感じていました。それは、娘たちの願いが天に通じた瞬間だったのです。

柴田少尉は重傷には変わりはありませんが、その後少しずつ、回復していきます。乙女会の娘たちや集落の人々とも言葉を交わすようになりました。

島民に無傷で救出された安部少尉は、先に出撃した戦友である柴田少尉が、重傷を負いこの島にいることに驚きました。戦友に十分な医療器具や薬を届けたいという思いと、もう一度祖国のために散りたいという思いから、知覧基地への帰還を計画します。

けれども、島にはもはや一艘の伝馬船のほかには海を渡る手段はなくなっていました。小さな櫓《ろ》漕ぎの羅針盤も何もない舟です、かつ周りは「魔の海」と呼ばれる潮流（黒島流し）と風に阻まれていました。板切れ一枚見たら敵と見ろという、そういう時代に渡れるはずがないというのが大半の見方でした。

独力での帰還が不可能と知った安部少尉は、島民の協力を得るために交渉を重ねますが、なかなか理解を得ることはできません。そんな中、「わしが行くが……」落胆している安部少尉に声をかけた一人の男がいました。彼が世話になっていた安永家の息子、克己です。

安永克己は安部少尉と同じ二十一歳。大学専門部を繰り上げ卒業後、故郷の硫黄島に呼び戻されます。その後、家族とともに黒島に移住し、徴兵の知らせを待ちながら、家業の畜産業を手伝っていました。徴兵の知らせがなかなか届かない現状で、同じ年の特攻隊員の強い思いを知り、居ても立ってもいられなくなっていたのです。

安部少尉と安永克己が海に出てから、数日が過ぎたある日のことです。ドドドド！　耳をつんざくような爆音とともに、黒島上空に一機の飛行機が突如現れました。飛行機は、柴田少尉が療養する安永家の少し西側に向かい、集落で一番背の高いびろうの木の枝をわさわさ揺らして、家の裏手にある畑に何かを落としました。飛行機が落としたものは爆弾かもしれない……。しかし爆発した様子はありません。

「安部少尉だ」。日高康男少年は心おどらせながら、落下物のところまで走りました。あの日、伝馬船を送り出して以来、彼の心は複雑でした。二人の計画を知らされていなかったといっても、彼が伝馬船を出すのを必死で手伝い、二人の船出に手を貸したのは事実。島民は二人の遭難を確信していましたから、二人が死んだとしたら自分のせいでもある。そのことに彼は心をとても痛めていたのです。

二人は生きていました。三十時間を越える航海の末、無事、本土に渡り着き、安部少尉は知覧基地に複隊、再出撃したのでした。

「同じ年の青年が命をかけて特攻へ行くというのに、こっちは田舎でぶらぶら。なんか申し訳なくて」

「安部少尉は腕を振りながら軍歌を歌っていました。私を励ますだけじゃなく自分も鼓舞していたんでしょうね。今になるとそう思います」

「私の力で本土に着けたんじゃなくて、神様がしてくれたというか天の仕業というか」

「知覧基地では、「三角兵舎」で安部少尉と過ごしました。特攻隊員と同じ食事を私にも食べさせてくれたんです。白米は長く食べていなかったので感激しましたね。白米は特攻隊員のみ、司令官も麦飯を食べていました」

後に安永克己さんが語った言葉です。なお、「知覧特攻平和会館」には、安部少尉の所属した陸軍特攻第二十四振武隊の寄せ書きが飾られています。安部少尉が自らの血で記した言葉は『死　通　生（死は生に通ず）』でした。


安部少尉が生きていた。そう思ったのは、康男少年だけではありませんでした。療養する部屋で飛行機の爆音を耳にした柴田少尉も「安部少尉だ」と確信していました。飛行機を目撃した集落の人々も、誰もがそれが安部少尉だと信じて疑わなかったのです。

集落の人々は畑へ急ぎ、段ボール箱を発見します。箱の表面には、「柴田少尉殿」と書かれている。間違いない。これは安部少尉からの荷物だ。段ボール箱はすぐに柴田少尉に届けられました。中には、知覧陸軍病院の処方箋と薬、包帯、恩賜のたばこ、現金二百円、さらにチョコレートとキャラメルも詰め込まれていました。

大里集落が興奮で包まれていたころ、片泊の学校の校庭もにわかに色めき立っていました。朝礼中の運動場に突如、飛行機が現れたのです。飛行機は、校庭にぱらぱらと何かを落としました。子どもたちが夢中で拾ったそれはキャラメルでした。「安部少尉だ」「安部少尉が生きていた」片泊の人たちも安部少尉の生還だと信じて疑いませんでした。

安部少尉はそのまま沖縄へ向かっていきました。一九四五（昭和二十）年五月四日、特攻戦死とされています（二階級特進で大尉となる）。

その後、さらに不時着してきた江名武彦少尉らも加えて、陸、海軍入りまじった生き残り特攻隊員五人は、島民とともに苦難の日々を送りました。安部少尉からの薬などのおかげで、一時は危篤状態にまでなっていた柴田少尉の容態も徐々に回復に向かっていきます。

一九四五（昭和二十）年七月三十日、たまたま立ち寄った潜水艦で五人は本土に帰ることになりました。送別の宴の開催も決まり、島は久しぶりに活気づいていました。そこに悲劇が起こります。異常な気配を不審に思ったのか、突然一機のグラマンＦ６Ｆが飛来しました。主婦日高オキノさん（当時五十歳）が家族の目の前で銃弾を浴びて亡くなったのです。炊き上がった白米の蓋を開け、窓から顔を出した瞬時の出来事でした。送別の宴は中止になり、そのままオキノさんを弔う通夜に変わりました。

いよいよその時が来ました。日が暮れ、五人を送る人々の深い悲しみの中、潜水艦は島を離れていきました。そして間もなく終戦を迎えることになります。

柴田信也少尉は復員後、日本食糧新聞社に就職し、戦後初のコーヒー専門の記者として活躍。江名武彦少尉は、早稲田大学に再入学し、卒業後サラリーマンとして定年まで勤めます。中村憲太郎少尉は、柴田さんの紹介でコーヒー業界の新聞社に就職しました。

戦後、社会の価値観や何もかもが激動する東京で、柴田・江名・中村の三人は頻繁に会い、どぶろくを飲んでは黒島に思いを寄せます。特攻出撃して不時着し、九死に一生を得た彼らにとって南海の孤島黒島は、ふるさとのような場所でした。

「運、不運も紙一重、島の人に奇跡的に発見してもらった。自分たちはまともな食事もせずに、瀕死のわが身に、考えられないくらいの手厚い看護をしてくれた」

と語り、いつも口癖のように、

「生き残りの特攻なんて、鬼の子ですよ。恥多き人生だ。男らしく死ねたのに、なんで生き延びてまで……。しかし、今、生きていられるのも、黒島のおかげだ。俺は、昭和二十年四月十三日、一度死んで、黒島で生まれ変わったのだよ」

特に柴田さんの黒島への思いは深く、呆れるくらいにいつも同じ話を繰り返し、島の人たちの、その真の優しさをかたときも忘れることはありませんでした。黒島で何か仕事ができないか、移住まで考えていました。

一九四七（昭和二十二）年夏、江名さんは黒島へ向かいました。恋のキューピット役という重要な任務を負って。

「シナさんと結婚したい！　と、柴田さんは真剣です。将来、黒島に住みつくことも考えています」

柴田さんは、下の世話まで百日間もつきっきりの看病をしてくれた日高シナさんに密かに恋心を抱いていました。江名さんは柴田さんからシナさんへの結婚の申し込みを頼まれ、引き受けてきたのです。

すると、シナさんの顔色はサッと変わりました。実は彼女は、すでに復員してきた島の青年と結婚することが決まっていたのです。シナさんにしても、まさか、こんな形で結婚の申し込みがあるなんて、夢にも思わないことでした。

一九七七（昭和五十二）年五月、柴田さんと江名さんは二人揃って黒島を訪問しました。島の人たちから熱烈な歓待を受けた柴田さんは挨拶に立ち、こう切り出します。

「私は昭和二十年、この黒島で生まれ変わって今年、三十二歳になりました」

終戦から三十二年、柴田少尉は五十六歳になっていました。

二〇〇四（平成十六）年五月十一日、江名さんは、黒島へ向かうフェリー「みしま」の船上にいました。右手に薩摩富士とも呼ばれる開聞岳の美しい姿が見えてきます。

開聞岳は特攻隊員にとって最後に見る祖国の本土、特別な意味を持っていました。彼らは機上からその姿を何度も何度も振り返り、万感の思いで訣別の挙手の礼を挙げ、出撃して行ったのです。

戦争が終わり五十九年が経ち、江名さんは、八十歳になっていました。五月十一日は江名さんが特攻出撃をし、不時着した日。この運命的ともいえる日に、冠岳の地に造成された黒島平和公園で「特攻平和観音建立祈念式典」が執り行われるのです。

病にふせっていた時、柴田さんは「観音様が一番いい」と江名さんに言い残していました。柴田さんは一九八八（昭和六十三）年四月二日、六十七歳で亡くなります。江名さんは柴田さんの思いを引き継いで、その後一人で黒島との交流を続けてきました。「島民の皆さんへ生きていられることの感謝とご恩を表したい」、江名さんたちの強い願いがいよいよ実現する日が到来したのです。

安部少尉が飛行機から落としていったキャラメルを、校庭で夢中で拾った片泊の正少年は今や村長になっていました。栗原正村長は、江名さんたちの意を受けてこの日まで力を尽くしてきました。

黒島の深い緑と断崖が目前に迫る頃、「みしま」のデッキにて、柴田少尉の特攻機不時着地点の大平瀬、続いて安部機不時着地点、冠岳真下の洋上で、船上慰霊が先立って行われました。

　青空の下、「特攻平和観音建立祈念式典」が厳かに始まりました。江名さんご夫妻、安部大尉（二階級特進）のご遺族をはじめ、国や自治体等の関係者など約三十人が島外から参列しています。知覧からは、鳥濱明久さんや「特攻平和会館」の「語り部」峯苫眞雄さんの姿もありました。

　除幕式で観音像が姿を現すと、「柴田さん、約束を果たしましたよ」と、江名さんは心の中でつぶやきました。一同が合掌、一礼した後、大里小学校・中学校を代表して、中学校三年の中島彩世里さんが、あの柴田さんの命を救った野イチゴを奉納し挨拶しました。

　式典では、日高康男さんの音頭により江名さん作の「平和祈念御和讃」を、参列者一同斉唱しました。あの昭和二十年四月十五日、瀕死の柴田少尉が船着き場に運ばれてくる時、「兵隊さんに食べさせてあげよう」と節句のお餅を胸元に入れて待ち続けた当時十一歳の康男少年です。そして、安部少尉が伝馬船を出す時には必死になって手伝い、さらには江名少尉の後をいつもついて歩き、敵機の見分け方を習い、手旗信号を一生懸命覚えました。そんな康男少年もすでに七十歳。今では当時の黒島を知る、数少ない島民の一人となっていました。

　同じこの日、安部少尉が薬を落とした場所にもう一つの碑が建てられました。「安部正也大尉慰霊碑」です。それは共に「魔の海」を渡った、克己青年の願いでもありました。

八十歳になった安永克己さんは長年、強い自責の念にさいなまれ続けてきました。あの夜、「わしが行くが……」と自分が言い出さなければ、安部少尉は亡くなることはなかったのではないか。自分が安部さんを死なせてしまったようなもの。自分が漕いだあの舟が、安部少尉を死に追いやったんだと。

自分を責め続け、その苦しみから逃れたいばかりに、五十九年前の記憶を断ち切ってこれまで生きてきた安永さん、観音様を中心とした「平和公園」が造られるのを機に、今まで逃げ腰だった自分にけじめをつけようと決心し、「安部正也大尉慰霊碑」を建てたのでした。

「安部少尉は怖い人だった」。当時を知る島の人たちの安部少尉への評判はもっぱらこうでした。しかし、安部少尉は柴田少尉への薬だけでなくチョコレートなどを、そして片泊の小学校にはキャラメルを投下しました。自分がこれから死んでいこうという時に、これほどの優しさを持てる人がいるだろうか。それが安永さんの気持ちでした。

以後「特攻平和祈年祭」として毎年開催されるようになり、江名さんら元特攻隊員（遺族を含む）等と黒島の人たちとの交流は今も続いています。日高康男さんは、「語り部」となって、黒島を訪れる人たちに特攻隊員と島民たちの秘められた歴史を語り続けています。

終戦後、ともに酒を酌み交わし黒島への思いを語り合った中村憲太郎さんは、柴田さんの後を追うように六十代の若さで亡くなりました。

戦前も漁師であり、あの不時着した日、巧みに潮目を読み、江名少尉たちを岬へといざなった梅本満・元二飛曹は、戦後も故郷の鹿児島県垂水市で漁業に従事。毎春「モジャコ」と呼ばれるブリの稚魚を追っては、黒島近くの漁場を訪れていたそうです。しかし江名さんの「黒島に行かないか」という誘いを、なぜか拒み続けたといいます。その心中はうかがいしれません。

日高サダさんら乙女会の娘たちから「紅顔の美少年」と慕われた前田長明・元二飛曹は、戦後まもなく上官であった江名さんに、出撃時の心境をしたためた手記を手渡していたといいます。そこには、十八歳の若さで死を決意しなければならなかった、そのやり場のない苦悩が記されていたそうです。前田さんもまた、江名さんの誘いに、「あの昭和二十年の思い出を大切にしたいから」と、黒島行きに応じることは一度としてありませんでした。

「江名さんにとっての黒島はどういう存在ですか」。『黒島の女たち』の著者である城戸久枝氏の問いに江名さんは次のように答えています。

「わたくしの第二の人生の始まりですからね。不時着したことによって、いのちを取り戻しましたから。黒島の方は命の恩人ですよね。八十日間、兵隊さん、兵隊さんって、みなさんが――。わたくしたちがお米のおかゆのときは、あの方たちは、芋がゆか何かを、わたくしたちが芋がゆのときは、あの方たちは、カンネの根を食べていて、絶えず、わたくしたちにはね、黒島では一番のまかないをしてもらったんですよね。それを当然のように、いただいていたんですけどね。みなさんの食べているものは全然ちがうんですよ。だんだんとわかってきましてね。それで、みなさんと一緒でよろしいですと言ったら、兵隊さんは神様ですということをおっしゃって。大事にしていただきました」（抜粋）

また江名さんには、とても心温まる出来事があります。

二〇〇四年（平成十六年）の祈年祭から本土へ帰る時、日高ユキエさん（当時百二歳）は『ばばの気持ち』と江名さんに小遣いをあげます。遠慮する江名さんに「昔の黒島じゃない。ぜいたくな島になったんよ。江名さんが最初ここに来た時は苦労したんじゃよね」と語りかけるのです。

ユキエさんは、江名さんの母親のような存在だった人。また安部少尉からの荷物が落ちてくるのを見ていた人です。江名さんがその小遣いを使うことはありませんでした。

ここで、江名さんが戦争について語っていることを付け加えておきたいと思います。

「五月四日、串良基地の電信室で聞いた交信が耳から離れません。出撃した戦友から『我、敵機に追従されている』『我、これから戦艦に突入す』『我、これから駆逐艦に体当たり』と電波が入ってくるんです。突入直前の最期の電信なんですよ。その一週間後には自分も出撃することになります。肉親のためならば、自分を犠牲にすることは悔しいけど男のとる道だと言い聞かせましたね」

「戦争を放棄して日本国憲法を大事に守るということじゃないでしょうかね。憲法九条を守って、非常に力んでくる相手があれば、それをなだめてとにかく平和的手段によって、すべてを解決すること。殺し合いですからね。戦争というのは。殺し合いはよくないじゃないですかね」

二〇二〇（令和二）年一月三十日、三島村役場に大山辰夫村長を訪ねました。

「江名さんは残念ですが、去年十二月十三日に亡くなられました。享年九十六歳でした。平和祈念祭にはほぼ毎年ご夫婦で参列しておられました。誰が見ても尊敬できる本当に立派な方でしたね。

江名さんは、『自分が死んだら、墜落した赤鼻に散骨してほしい』という遺言を残しておられたんです。今年は、船上慰霊の従来の航路を変更してそのようにします。葬式には、日高康男さんの息子の靖成さん、日高サダさんの孫の穣さんも来ていましたよ」

「一回目の祈年祭、観音像除幕式には、映画『ホタル』で高倉健が演じた主役のモデルである浜園重義さん（当時八十歳）も参列して下さいました。何十発も身体に弾が残っているにもかかわらず、『特攻隊員の心を語り継がねば』と全国をまわって講演されているんです。『散っていった戦友の思いを抱いたまま死んでいきたいので弾は取らないんだ』と。

黒島へ向かう船上で、『故郷に帰りたいという人がここにもいっぱい沈んでいると思います。国のためというが、家族のためだったんです。ふるさとの親兄弟のもとに帰りたい。みんな若かった。一番帰りたいのはお母さんの胸の中なんですよ』、このような話を浜園さんが涙ながらにされましてね。私たちは胸がじーんとなりましたよ」

ちなみに、「ホタル館富屋食堂」に展示してある海軍のバッグは浜園さんが寄贈したものです。

「『特攻平和祈年祭』にはこれまで、小林広司夫人のちえみさん（後述）をはじめいろいろな方がいらしています。たとえば、たまたま黒島宇吉郎という名前の方ですが、遠く北海道からおいでになりました。江名さんと茨城県の百里原基地で同期。江名さんと直接面識はないけれど、『黒島を忘れない』を読んで居ても立ってもも居られなくなったんだそうです。お父さんが江名さんと同期だったという人もいます。それから、遺体で見つかり、島民が茶毘《だび》に付して白木の箱に入れて送った佐野義人さんのお孫さん一家とかも」

「安永克己さん、それから地元の主な関係者では、日高康男さん、日高サダさんが今も健在です。現在「語り部」役の康男さんは、実は、一九四五（昭和二十）年四月七日、坊ノ岬沖黒島南西に沈没する戦艦大和を見てるんですよ」

「戦艦大和といえば、こんなエピソードもあります。大和の司令長官だった父親・伊藤整一の最期を串良基地から飛び立ち見送った息子の叡《あきら》中尉は四月二十八日の沖縄海域における特攻で戦死しました。その後、伊藤長官の自宅の桜の根元から父に寄り添う息子のように小さな桜の芽が吹きだし、別名『父子桜』と呼ばれるようになります。伊藤父子出身地の福岡県みやま市の『大和さくらの会』の皆さんが、二〇一八（平成三〇）年五月十二日、その『父子桜』を黒島平和公園に植樹して下さいました」

大山村長は以上のようなお話をされた後、

「祈年祭は、今後も継続していきます。と同時にこの島の物語を語り継ぎ、鹿児島県三島村黒島から世界へ平和の尊さを発信していきます。江名さんとの約束でもありますから」

このように力強く締めくくられました。

「黒島」の物語を書くに際し、参考・引用したのが、小林広司『黒島を忘れない』です。この著書について補足しておきたいと思います。

映画監督でドキュメンタリー作家の小林広司さんは、『ザ・ノンフィクション　黒島を忘れない～59年目の〝友よ〟～』でディレクターを務めました。

黒島に四十日間滞在して完成させた作品でしたが、それだけで終わらず、小林さんはさらに取材を重ねて島の物語の執筆にとりかかります。

しかし、不運なことに病が発覚します。がんだったのです。小林さんは、壮絶な闘病生活にあっても諦めることなく執筆に取り組みますが、妻ちえみさんの必死の看病にもかかわらず、ついに力尽きて四年後、四十九歳で亡くなりました。

「なぜ、そこまで黒島にのめりこんだのか。黒島にとり憑かれたのか」

葬儀を終えた半年後、それまで黒島に関心がなかったちえみさんは、夫を支えてくれた黒島の人に会いたい思いが募り、江名さんとともに黒島に行きます。以後毎年、島へ通い続け、江名さんと二人三脚で未完の遺稿を完成させました。それがこの著書です。涙なくしては読めない力作、名著であると思います。

「自らの命を犠牲にしてまで戦おうとした若者たち、貧しい暮らしのなか、必死で兵士を助けた黒島の人たち。悲惨な戦争の時代、『命を賭けて』行動した人間の温もりを、今の時代に少しでも伝えることができたら幸いです」

小林ちえみさんからのメッセージです。

第三章　戦争を見つめ・考え、平和を誓い・発信する

一、寄せられた戦争の記憶や証言

「私の父も海軍で、連合艦隊の一員でした。『ある時、甲板で友人と立ち話をしていたら、突然流れ弾が飛んで来て、彼は亡くなった。僕は友人より約一尺（三十センチ）後ろに居たので助かったけれど、友人が自分であってもおかしくなかった』。父から聞いた話です。父の瞼《まぶた》の上には、その時の傷が三センチ残っていました。私も雨のように降ってくる機銃掃射に追われて逃げまどった記憶があります。戦争は二度とやってはならないし、後世に語り継がねばなりませんね」

廣森さんへのインタビュー後、私は『生き残ったもの　最後の責任』というエッセイを、作家の佐藤愛子さん等が審査員を務める「第二十四回　随筆春秋コンクール」（二〇一八年）に応募しました。奨励賞を受賞し、主催者代表の石田多絵子さんから講評をいただいたのですが、そこにこの文が添えられていました。

「大学時代の恩師の五味克夫先生が大正十三年のお生まれで、大学進学と同時に兵隊にとられ、短期間の士官養成訓練を受けて、いきなり小隊長。千葉の九十九里浜で、アメリカ軍上陸に備え、突撃の訓練ばかりしていたと話されていました。

お兄様は、学徒出陣でフィリピンへ、そしてレイテに送られたことは分かったが、たどり着けたのか、どんなふうに亡くなったのか分からないとのことでした」

「尚古集成館の館長をされていた芳即正《かんばし》先生も、東大出だったのですが、優遇されるのを嫌って将校になるのを拒み、一兵卒として従軍されたそうです。

初入隊後、訓練途中で体調を崩し入院。戻ると兵舎は空っぽ。みなノモンハンに送られ、部隊は全滅したそうです。

その後、中国戦線を転々と、何度か死にかけたとおっしゃっていました。爆弾の見分け方や夜の歩哨《ほしょう》（警戒・監視の任）が一番怖かったという話も聞かせていただきました。

戦局が悪くなると、部隊が二分され、一方は南方へ送られたそうです。送られたのはニューギニア。やはり大半が途中で船と一緒に沈み、たどり着いた人たちもほとんど死んでしまわれたそうです」

以上は、『生き残ったもの　最後の責任』の読後、尚古集成館館長の松尾千歳さんから寄せられたコメントです。

ちなみに、フィリピンの山中に追い込まれた兵士の場合、その多くは病死、餓死、自殺であったとの記録が残っています。

二、なぜ戦争を始めたのか、どんな経過をたどったのか

日本はなぜ、惨敗と多大な犠牲をもたらしたこのような戦争をしたのか、愚かともいうべき行動に走ったのか、なぜ悲劇は続き、ここまで深刻化したのか……疑問や関心が尽きることはありません。これらの命題に向き合う前に、戦争を始めた理由や戦争の経過を押さえておきたいと思います。

戦争の呼称には、一九三七（昭和十二）年七月七日に始まったとする大東亜戦争、一九三九（昭和十四）年九月一日に始まったとする第二次世界大戦もありますが、ここでは、一九四一（昭和十六）年十二月七日に始まったとする太平洋戦争に照準を定めます。

太平洋戦争は、第二次世界大戦のうち、主としてアメリカ・イギリス・オランダ・中国等の連合国軍との戦争です。それではなぜ、日本は太平洋戦争を始めたのでしょうか。

「石油がなければダメだった。それで戦争をしたんだ」（元陸軍軍務局高級課員・石井秋穂氏）

一九四一（昭和十六）年八月からアメリカは日本への石油輸出を禁じます。陸海軍ともに「どうせなら石油があるうちに一線を交える」という、現実的な認識だけが支配していました。

次に、戦争がどういう経過をたどっていったか見てみましょう。
昭和史研究家でノンフィクション作家の保阪正康氏は、三年八カ月の太平洋戦争を、戦闘そのものをもとにして次のように分けています。

「勝利期」(昭和十六年十二月八日から昭和十七年六月)
緒戦は奇襲攻撃でもあったので、日本軍は真珠湾攻撃に成功し、東南アジア全域に破竹の進撃を始める。まさにアジアを席捲《せっけん》したのは日の丸の旗だった。
「挫折期」(昭和十七年七月から昭和十八年四月)
昭和十七年六月のミッドウェー作戦に失敗、そして八月のガダルカナルでの戦いに敗れ、以後はアメリカ軍の反攻作戦が目立ってくる。
「崩壊期」(昭和十八年五月から同年十二月)
昭和十八年四月からは連合艦隊の司令長官山本五十六の戦死、アッツ島の玉砕、日本軍はしだいにアメリカ軍の物量作戦に追いつめられていく。
「解体期」(昭和十九年一月から昭和二十年二月)
昭和十九年になると、トラック島の失陥により、東條(英機)首相兼陸相が参謀総長も兼ねるようになる。国務と統帥の分離が崩れるのだ。インパール作戦の失敗、マリアナ沖海戦の敗退、サイパン陥落、さらに十月からのレイテ決戦では特攻作戦にもふみきる。人間を兵器と見たてての戦争であった。

「降伏期」（昭和二十年三月から同年八月）

昭和二十年三月から八月までは、東京大空襲、沖縄戦の玉砕、そして八月六日の広島への原爆投下、九日の長崎への原爆投下、やはりこの日のソ連による対日参戦となり、日本はポツダム宣言の受諾へといきつくのである。（『令和を生きるための昭和史入門』）

なお戦没者数は、日本だけでも軍人・軍属が二百三十万人、民間人が八十万人、合計三百十万人に達しました。

三、勝てる見込みのない戦争を始め、やめ時まで見失っていた日本

それでは日本はなぜ、惨敗と多大な犠牲をもたらしたこのような戦争をしたのか、愚かともいうべき行動に走ったのか、なぜ悲劇は続き、ここまで深刻化したのか……この命題を掘り下げていくこととしましょう。

まえがきで、「日本は本当にアメリカと戦争したんですか」って質問する子までいて驚いてしまった、と記しましたが、恐らくその子には、「何であの軍事経済大国アメリカと大それた戦争など」という素朴な気持ちがあったんだろうと思います。

「島の上空を通る敵航空部隊には、その圧倒的な物量の凄まじさをまざまざと見せつけられました」

「昼間は米軍機が大編隊で上空を飛んでいく。そして早朝と夕方は、日本の特攻機が南下していく。味方の機は一機ずつでしたね。ああ、今日も戦友が出撃したと、生き残って特攻機を見上げる気持ちは切なかったです」

黒島にいた江名武彦少尉の回想です。

「ブルンブルンッと、どの機も、なんとも頼りないエンジン音を残して飛び去っていきました。ただの一機きり、単独飛行で突撃していくのは、きっと寂しかったろうに……」

同じ黒島の安永家の客間、あのひっそりした日本家屋でひとり火傷の身を横たえ、友軍機の音だけに耳を澄ましていた柴田信也少尉はこのように語っています。

世界に誇る日本の零戦は、開戦当初は無敵の戦闘機でした。しかし、昭和十八年の後半から、米軍はついに零戦よりも格段に性能の優れた戦闘機を送り出していたのです。

おまけに兵站《へいたん》（兵器・食料、燃料などの補給）も軽んじていました。物量や戦力に劣る日本が、奇襲攻撃で一時的な勝利をしたぐらいで、そもそも勝てる相手ではなかった。とても長期戦には耐えられなかったのです。

山本五十六が駐米武官時代に語っていたように、「デトロイトの自動車産業とテキサスの油田を見ただけでも、日本の実力でアメリカ相手の競争なんか、とてもやり抜けるもんじゃない」、その通りでした。

「外国を多少でも知っている者には、戦争は負けるに決まっていたし、大本営発表で有頂天になっている人たちの夢を覚ましてやりたかったが、そんなことをおくびにも出そうものなら忽《たちま》ち引っ張られる」

薩摩隼人の海軍大将（樺山資紀《すけのり》と川村純義）を両祖父に持つ随筆家の白洲正子も、自伝でこのように回想しています。

さらには、アメリカの軍隊は兵隊を人間・生き物として扱っていましたが、日本はそうではありませんでした。日本の軍隊では下っ端はただの消耗品、食べるところにしろ、風呂にしろ、寝るところにしろ、おそまつに扱われていました。実にみじめなものでした。

米軍と日本軍の搭乗員の待遇差からしても、日本が負けるのは目に見えていました。日本の搭乗員は休暇などなかなか与えられず、連日のように出撃させられています。体力や集中力が低下していくのは自明のことです。一度でもミスをすれば終わりというのに。

「我々は一週間戦えば後方にまわされ、そこでたっぷり休息を取って、再び前線にやってくる。そして何カ月か戦えば、もう前線から外される」

これは、ガダルカナル島の空戦で撃墜され、日本の捕虜になった米軍機の搭乗員が語っていたことです。

なお、日本の兵隊は「生きて虜囚の辱めを受けず」（敵の捕虜になるくらいなら死ねとの訓示）と教育されていました。これにより、日本軍の間で捕虜になることを拒否する思想が広まり、玉砕や自決につながったのです。付け加えておきたいと思います。

物量や戦力などいかに劣っていたか、主に戦術面のアメリカとの比較からははっきりとわかりました。そこでここからは、戦略的な面を中心に見ていきたいと思います。わかりやすい二人の見解を紹介しましょう。

まずは、前掲の保阪正康氏です。

真珠湾攻撃やシンガポール占領などの大戦果が生まれ、日本国内では傲慢と増長の空気が蔓延《まんえん》した。それによって人々は、目の前で起こっている事象を冷静に判断する能力を失ったのである。

日本には、当初から明確な枠組みも大きな目標もなかった。戦争の目的も曖昧だったために、戦争の終わり方すらも定めることができなかった。枠組みを持たないから、逆にタガが外れるのも簡単である。

昭和十六年の新聞に目を通すと「勝って兜《かぶと》の緒《お》を締めよ」と繰り返し書かれているが、それを守れた日本人はほとんどいなかった。勝っている今のうちに、あれもこれも手に入れておこうと考えた挙句、占領地は増え、戦線が拡大し補給すらままならなくなってしまった。そうやって、戦争中の日本は自滅したのである。

次に、思想家で神戸女学院大学名誉教授の内田樹氏です。

一九四二年のミッドウェー海戦で大負けしたところで、帝国海軍は主力艦を失っていて、もう戦争に勝つ可能性はなくなっていた。だから、あそこで講和条約締結に持ち込めば日本はそれほどひどいことにはならなかった。本土空襲で何十万もの一般市民が被災することもなかったし、広島長崎に原爆が落ちることもなかった。

実際に、木戸幸一内相や吉田茂は四十二年のミッドウェー敗戦時点ですでに講和交渉を始めようとしていた。

最終的に、日本の戦死者は民間人含めて三百十万人に達したけれど、ほとんど最後の一年間に集中している。真珠湾攻撃の日本側の戦死者は六十四人。歴史的敗北を喫したミッドウェーでさえ戦死者は三千人なのである。戦死者や空襲による死傷者は四十四年に絶対国防圏が破られたあとに集中している。

だから、四十四年になってからでもいいから、「もう勝てない」とわかったところで、戦争指導部が「被害を最小限度に食い止めるためには何をすればいいのか？　最終的に守るべきものは何か？」という後退戦の問いに頭を切り替えるべきであった。

アメリカ人は個人主義的で物質主義的だから、大和魂で一喝すれば縮み上がって逃げ出すに違いないというようなことを言って戦争を始めたんだから。「戦争に勝った場合に、どうふるまうことでアメリカ国民と適切な関係を構築できるか」について組織的・長期的な計画を持たない国が戦争を始めて勝てるはずがない。

アメリカには日本占領政策がちゃんとあった。ルース・ベネディクトの『菊と刀』はアメリカ国務省の依頼で書かれた占領政策起案のための基礎研究だ。

ベネディクトは書物的な知識と投降した日本兵からのヒアリングに基づいて、日本人の生活感覚から国家戦略まで見事に描き出してみせた。その研究に基づいてGHQは日本占領政策を起案した。

戦争指導部は全アジア人が兄弟愛で結ばれる「大東亜共栄圏」「八紘一宇」という夢想的なプログラムを描いてはいたんだろうけれど、そんなのただのスローガンでしかない。具体的に「八紘一宇」が実現するために、占領した先でどういうふうに永続的な「ブラザーフッド」（兄弟愛、人類愛、同胞等の意味）を構築するかについて考えていた軍人なんかいない。

ちなみに内田樹氏は、後退戦に関して次のように述べています。

「日本人は『どうやって負け幅を最小化するか』という後退戦の発想がとことん苦手。イケイケどんどんの時は結構知恵も出るが『被害の最小化』となると知恵がまわらない。これは種族的な病だと思う」と。

四、戦争の教訓から学び、平和の尊さを語り継ごう

いかがでしたか。戦前の日本は勝てる見込みのない戦争を始め、やめ時まで見失っていました。しかも、枠組みも目標もない、目的も曖昧、組織的・長期的な計画も持っていなかったのです。そして、日本社会には周りの空気を読み、空気に流されがちなところがあるということ。これは今でもいえそうです。

作家の五木寛之は、戦時の家庭の模様を次のように振り返っています。

山本五十六連合艦隊司令長官が戦死したニュースが流れたとき、母親がふと、「この戦争、日本が負けるんじゃないかしら」と、つぶやいたことがある。そのとたんに、そばにいた父親がいきなり母親の頬を左手で叩いた。かなりの打撃だったようにみえた。「非国民！」と、父親は大声でいった。悲鳴のような声だった。それから、やがて敗戦の夏がやってきた。父親の一生は、そこで終わったような気がする。

（『マサカの時代』新潮新書、二〇一八年）

軍隊にあるのは命令と服従だけです。白も黒もない。当時の合言葉は忠君愛国でしょ。義勇奉公。天皇のために命を捨てるのが一番いい国民。そういうムードを若者に引きずり込んでいく。優等生はそれに一番染まりやすいんですよ。私は自分で反骨精神があると思っていたけど、知らないうちに国家からほめられる立派な人でなければだめだ、と思っていたものな。

戦争の時代を新聞記者として体験したむのたけじ(武野武治)さんの言葉です。むのさんは、一九四五(昭和二十)年八月十五日の敗戦を機に戦争責任を感じて勤めていた朝日新聞を退社。一九四八(昭和二十三)年、故郷秋田県横手市で週刊新聞『たいまつ』を創刊しました。ところで戦争を語る時、付け加えておきたい、忘れてはならない重要な事項があります。それは、大本営(戦争指導部)がうそを堂々とついていたということです。大うその発表をして新聞に書かせ、下っ端の軍人や国民をだましていました。

戦争をやるときは、敵国をあざむくけど、自国民も二倍も三倍もあざむく。戦争というのは、はじめから道徳と反対なんだ。ウソつかないとやれないのが戦争なんですよ。

同じくむのたけじさんの言葉です。

もう一点、忘れてはならない強調しておきたい事項があります。戦時の日本では、人々を愚昧に誘導する空疎な言葉や醜悪な精神論・根性論が幅を利かせました。これまで見てきた通りです。数字を含めた客観的な科学的データや知見などない抽象論ともいえます。「前向きに」「総力を挙げ」「渾身の努力」「純真さ」「絆」「感謝」……。国が新型コロナウイルス対策で発するこれらの言葉にも、それがいくらか見て取れるのではないでしょうか。

一九五三年生まれで、私より一つ先輩である作家の高村薫さんは、①「日本はなぜ戦争したのだろうか」②「もし自分が兵隊さんだったら戦地に行けただろうか」③「そこで人を殺せただろうか」そういうことばかり考えて育った子どもだったそうです。

赤面の至りですが、私は六十五歳になってこの本を書くに及んで初めて、特に②③について真剣に考えるようになりました。恐らく、軍国少年として日々、訓練に励み、「万歳」を叫び、特攻隊にも志願したのではないか、そういう気がします。皆さんはどうですか。自問してみてください。

さて戦後七十五年、私たちはあの悲惨な戦争の歴史を二度とくり返してはなりません。国家のために殺し、国家によって殺されるのが戦争というものです。まえがきでも触れたように、戦争体験者は極めて少なくなり、老いもあって、今や直接話を聞ける機会が失われつつあります。記憶の風化がとても心配です。日本の現在の政治・社会のあり様も気になります。だからこそ私たちは、戦争・いのち・平和に真摯に向き合い、戦争についてしっかり学び、非戦・平和の尊さを熱心に語り継いでいかねばならないのです。

鹿児島県内の基地跡では毎年、特攻隊員ら戦没者の慰霊追悼式が遺族らが参列し行われています。そして、南九州市の「知覧特攻平和会館」や「ホタル館富屋食堂」には修学旅行等で県内外から多くの小中高生が訪れています。また毎年八月に「平和へのメッセージｆｒｏｍ知覧スピーチコンテスト」が開催されています。いずれも大変意義深いことだと思います。ただ、普段、基地跡や資（史）料館・祈念館など訪ねる人は年々少なく、遺族や高齢者の方々に偏っているようにも感じます。若者と戦争の距離はやはり遠いのでしょうか。

小中高生や若者には、「鹿屋航空基地史料館」や「南さつま市万世特攻平和祈念館」にももっと足を運んでほしいです。そして広島・長崎にも。併せて日本戦没学生の手記『きけ　わだつみのこえ』もぜひ読んでほしいと思います。映画では『私は貝になりたい』（二〇〇八年十一月公開／中居正広主演）がお薦めです。

あとがき

前述した『生き残ったもの　最後の責任』と『西郷も大久保も喜んでいる』（「第十四回『文芸思潮』エッセイ賞」社会批評佳作受賞作品）を有識者や友人に読んでもらったところ、「共に中学・高校生（子どもたち）に読ませたい作品だね」との声が多く返ってきました。

また『生き残ったもの　最後の責任』については、「文藝コンクールという領域よりもノンフィクションや戦争体験記のような分野で価値を発揮する作品のように思う」との講評がありました。

そして何よりも廣森さんのインタビューには、枚数の少ないエッセイではとても書き切れない後世に語り継ぐべき体験や証言が、まだまだいっぱい詰まっていました。このまま埋もれさせるのは、実にもったいないと思いました。

もう何の迷いもありませんでした。インタビュー録に向き合うと、廣森さんの語りが再び真に迫ってきました。

また、「知覧基地」と「黒島」の特攻秘話（悲話）も永遠に語り継ぐべきかけがえのない物語であると改めて意を強くしました。

ささやかに私がこれまで学んできた戦争に関する知識等も手伝って、お陰さまで筆が一気に進みました。何かが背中を押してくれているようにも感じました。草葉の陰から父と義父が見守り、励ましてくれていたのかも知れません。本当に書いてよかった。私は今、満足感に包まれています。

私は「まえがき」で、「この本を通じて、戦争がいかに不条理、不合理で、愚かしく、残酷であり、悲惨で不毛、無意味なものか伝えることができれば本望です。併せて戦争体験のない皆さんが何かを感じることで、これから先、生きる未来に向けて、何かを与えることができるならそれに越したことはありません」と述べました。

どこまで旧世代の兵士たちが経験したことや味わった痛苦を理解できたでしょうか。戦争において、人間がいかに卑劣にふるまい、邪悪、利己的になれるか、身に染みて思ったでしょうか。その一方、特攻隊員をはじめとする兵士の勇敢さや崇高な精神にどれだけ心を動かされたでしょうか。そして、黙って死んでいった無名兵士たちを慰霊し、恒久平和を祈る気持ちになれたでしょうか。


戦争はすぐ始まるけれど、平和を築くには時間がかかる。「そのためにできること、あなたならどうします？」
ぼくが知っている戦争の時代ではない、ぼくが知らない平和な時代を見せてください。

今年（二〇二〇年）四月十日、肺がんのため八十二歳で亡くなった映画監督・大林宣彦さんの言葉です。晩年は、太平洋戦争時、純真な軍国少年であった体験をもとに、非戦・平和を希求する作品づくりに力を注いできました。映画は戦争を止められるのか？『海辺の映画館―キネマの玉手箱』が遺作となりました。

幾千の人の手足がふきとび　腸わたが流れ出て　人の体にうじ虫がわいた　息ある者は肉親をさがしもとめて　死がいを見つけ　そして焼いた　人間を焼く煙が立ちのぼり罪なき人の血が流れて浦上川を赤くそめた　ケロイドだけを残してやっと戦争が終わった。だけど……　父も母ももういない　兄も妹ももどってはこない　あの日から三十四年　青い空を見上げてただひたすら感謝する　戦争というものがない今日この日だから人は忘れやすく弱いものだから　あやまちをくり返す　だけど……　このことだけは忘れてはならない　このことだけはくり返してはならない　どんなことがあっても……。

二〇一九（令和元）年八月九日の長崎原爆犠牲者慰霊式典の挨拶で、田上富久長崎市長は、十七歳の時に長崎で被爆した山口カズ子さんの詩の一部を引用しました。以上がその詩の全文です。

結びに、廣森幸雄さんとの出会いがなければこの本が生まれることはありませんでした。廣森幸雄さんに改めて深い感謝の気持ちを捧げ、心からご長寿をお祈りいたします。

また、取材でお世話になった知覧「ホタル館富屋食堂」の鳥濱明久館長、三島村の大山辰夫村長にも心よりお礼を申し上げます。

主要参考文献等

服部卓四郎『大東亜戦争全史（第三刷）』原書房、二〇〇七年
伊藤純郎『特攻隊の〈故郷〉』吉川弘文館、二〇一九年
島尾敏雄・吉田満『新編　特攻体験と戦後（再版）』中公文庫、二〇一七年
保阪正康『戦場体験者』ちくま文庫、二〇一八年
保阪正康『令和を生きるための昭和史入門』文春新書、二〇一九年
内田樹×平川克美『沈黙する知性』夜間飛行、二〇一九年
むのたけじ『日本で100年生きてきて』朝日新書、二〇一五年
鳥濱明久『知覧いのちの物語』きずな出版、二〇一五年
小林広司『黒島を忘れない』西日本出版社、二〇一五年／世論社、二〇一一年
城戸久枝『黒島の女たち』文藝春秋、二〇一七年
フジテレビ『ザ・ノンフィクション　黒島を忘れない～59年目の〝友よ〟～』二〇〇四年八月十五日放送
フジテレビ『ザ・ノンフィクション～黒島を忘れない2014～』二〇一四年八月十日放送

〈付録〉「第十四回『文芸思潮』エッセイ賞」社会批評佳作受賞作品

西郷も大久保も喜んでいる

平成三十年五月六日、明治維新百五十年記念『西南之役官軍薩軍恩讐を越えての法要』が、南洲墓地の一角にある慰霊塔の前で営まれた。

南洲墓地には、西郷隆盛（南洲）ら西南之役で命を落とした薩軍側約二千人が眠っているが、折しもNHK大河ドラマ『西郷どん』の放映中であり、たくさんの観光客が訪れている。

午後一時半から始まった法楽は、鎌田薫水師による『西郷隆盛』『大久保利通』演目二題の薩摩琵琶奉納でピークを迎えた。

余韻さめやらぬ中、「恩讐を越えての会」原口泉会長の挨拶となった。歴史ドラマの時代考証も手掛ける著名な鹿児島市出身の歴史学者だ。

「悩みました。会長を辞めようかとも思いました。西郷陣営から『そっとしておいて』の声があがったんです。しかしながら両軍合わせて一万四千余の命が失われています。そっとしておくことはできませんでした。私は恩讐を越えての声を、平和の尊さのメッセージを命ある限り鹿児島から発信して参る覚悟です」

いつもと違う硬い表情で切り出した原口泉会長の冒頭の言葉に私は一瞬わが耳を疑った。参列者からも驚きの表情が見て取れる。

続いて挨拶に立った利通公玄孫の大久保洋子さんは次のように語った。

「雨になりました。吉兆とされる島津雨、これからの第一歩です。大久保にいろいろな声があるのは承知しています。私は鹿児島に来られて幸せ、日本中でこんなに歴史が語られている地はありません。恐いのは無関心なのです。確かに無関心でいた方が楽ですが、歴史への関心が強いここ鹿児島は、一番幸せな県ではないかと思います」

長身で利通公を髣髴《ほうふつ》させる洋子さんの一語一語かみしめるような力強い挨拶に会場から大きな拍手が沸き起こった。一方、同じく挨拶が予定されていた隆盛公曾孫の西郷隆夫さんの姿はなかった。

「一体何があったのか」、ざわざわと胸の奥が騒ぎ立つ。導師で「恩讐を越えての会」の事務局を務める大雄山南泉院の宮下亮善住職に今日までのいきさつを尋ねてみた。

「本年は利通公が紀尾井坂で凶刃に倒れて百四十年の年です。当初は明治維新百五十年記念『大久保利通公没百四十年法楽』の名称で計画していました。実はこれに西郷を敬愛する東京の市民グループや狂信的な西郷ファンから反発が出たのです」

「大久保は西郷を死地に追いやった人物」と、西郷陣営が西郷の墓地での大久保の法要に「待った」をかけていたのだ。

その結果、『大久保利通公没百四十年』の文字が法楽の名称から消え、法楽後の原口泉会長の記念講演の演題も『明治維新と大久保利通（甲東）』から『大河ドラマの西郷と大久保』へと変更になった。事を荒立てないよう主催者側に一定の配慮が働いた形だ。

幸いに、法楽は心配された妨害もなく厳粛な雰囲気のもと無事終わった。

続いての講演の冒頭で原口泉会長は、父斉興の家老を引き続き登用した島津斉彬の「愛憎、復讐、闘争の輪廻を絶つ」の教えを強調した。

厚い雲の間からは青空がのぞいている。帰路参列者からは「西郷さんも喜んだだろう」との声が多く聞かれた。

「それにしても」、一方で私は南洲墓地を後にしながらやるせない思いに駆られていた。「おいは喜んじょ。おいはまこておはんたちが情けなか。どうかわかってくいやんせ」（私は喜んでいる。私は誠にあなたたちが情けない。どうかわかってもらえないか）

墓地からは、西郷の無念と悲嘆の叫びが聞こえてくるかのようである。

昨年の平成二十九年には、西南之役百四十年として、西郷吉太郎、大久保利泰の両曾孫を迎え、『西南之役官軍薩軍恩讐を越えて』の慰霊祭がこの場で執り行われた。慰霊塔などはその際に建立されたものだ。

塔の隣に建立された石碑には、〝回向《えこう》には我と人とを隔つなよ　看経《かんきん》はよし　してもせずとも〟の文字が穏やかな光を放っている。島津家中興の祖と仰がれる日新公（島津忠良）の「いろは歌」である。

両軍相対峙した必死の戦いも、互いの奮闘を称え、戦没者を敵味方の別なく供養する博愛慈悲の精神は、武士道の精華として深い感銘を与えずにはおかない。

この博愛慈悲精神を受け継いできた薩摩だが、百四十年目にしてようやく鹿児島での両軍供養が実現したのである。まさに歴史的な出来事であった。

「慰霊塔が建立されるなどの動きが生まれるには、これだけの年月の経過が必要だったのではないでしょうか」

利恭さんの言葉である。

ところでその西郷家と大久保家、実ははるか昔すでに恩讐を越えていたのだ。

鹿児島の放送局の社員だった私は東京支社勤務時代、加治木島津家第十三代当主島津義秀さんの紹介で利恭さんと出会った。

幸いに砧の社宅から成城の大久保邸までは歩いていける距離で、ご自宅にもおじゃまし、利恭さんに「歴史の本には出てこない大久保利通あれこれ」「歴史家、研究者とは違うエピソード」など貴重なお話をいろいろ伺った。

「城山町の西郷銅像は昭和十二年に建立されたのですが、完成した銅像を設置場所に運ぶ途中の写真が残っています。利通の三男で私の祖父の利武が写っている。また、除幕式には父の利謙が出席しているんです」

西郷家と大久保家の結ぶ絆のひとつだ。

「それから利通の妹スマの孫の太郎（山田家）と、隆盛の次男午次郎の子の芳子が結ばれています」

婚姻まで。直系同士ではないが、西郷家と大久保家は親戚になっていた。両家の絆は西南之役でぷっつりと切れてはいなかったのだ。

そして、今も西郷さんの命日の集いに利泰さんが呼ばれ、利通の命日の集いには西郷家の方をお招きしていると。

利泰さんはここ数年、新聞・雑誌のインタビューや著書でこういったエピソード等に触れるようになった。

『大久保利通公没百四十年法楽』に反発した西郷派の人たちは、果たしてこうした史実、エピソードを知っているのだろうか。わだかまりがいまだに残っていると邪推していたのはまさに当事者以外の人たちではなかったか。

この事件、後日談がある。

とっくに知っていて反発したのであれば、あまりに大人気ない、不寛容ではと憤慨していたら、西郷陣営が宮下亮善住職のところに謝ってきたというのだ。一件落着、めでたしめでたし。西郷もホッと安堵の胸をなでおろしていることであろう。

さて平成三十年、鹿児島は大河ドラマ『西郷どん』ブームで沸き立ったが、これまで不人気だった大久保に異変が起きつつある。

明治時代風のフロックコートをひるがえして立つ大久保の銅像前、写真を撮る人が確実に増えてきた。若い女性には大久保役・瑛太の好演も影響しているのかもしれない。

「薩摩を憎むどころか、かえって大久保利通に感謝している」

福島県からの観光客の話として、観光ボランティアガイドが紹介していた。福島県は大久保が決意した「安積開拓」で、後に大きな恩恵を蒙《こうむ》っているのだ。

薩長同盟や明治維新を成し遂げたのは西郷だけの力ではない。ここに来て今一度大久保にも光を当てるべき、もっと評価すべきとの声が上がり出した。

私は利恭さんとの交流のほか、国士舘大学の勝田政治教授が主宰する「甲東研究会」、大久保の眠る青山墓地での「甲東祭」に参加し、過小評価されている側面や従来のイメージ・通説とは違う新たな政治家大久保像と人間大久保像を学んだ。いくつか挙げてみる。

参議に就任し、西郷との決別の覚悟をした時、異国にいる二人の子どもに遺書を書いた。西郷と利通との親しい仲を子どもたちはよく知っていた。なぜ西郷と決別しなければならなかったのかを、父は父だけが話せる言葉で、伝えようとした。

「敗れた西郷、自刃」の報に大久保は号泣し、「おはんの死とともに新しい日本が生まれる」と呻《うめ》いたという。

暗殺された時、その胸には西郷からの古い手紙が抱かれていた。

墓所の傍らには、暗殺の側杖《そばづえ》を食った馭者《ぎょしゃ》の中村太郎と馬の墓まである。中村太郎は捨て子だったとされ、大久保によって拾われ育てられたのだという。こうした一面からも、大久保は冷酷非情な独裁者ではなかったと考えられる。

また子煩悩で、別邸に試験的に造ったリンゴなどの果樹園に馬車でよく子どもたちを連れていった。

「為政清明」を信条としたように、政治は清く、ガラス張りで、金銭に関しても淡白だった。死去した際、残ったのは八千円の借金だけだったと伝えられる。清貧な中、寄付行為もしていた。今日の日本の政治家や官僚が多くを範とすべきはいうまでもない。

今日の日本は、内憂外患というか、国内外の難問題が山積しており、幕末維新期にも似た様相を呈している。そんな中、不屈の精神と強い責任感、冷静沈着で果断な態度、巧みな交渉術などで荒波を乗り切った大久保がクローズアップ、評価されるのは当然だろう。

平成三十一年春、桜満開の頃、南泉院では大久保洋子さんと鎌田薫水師を招き、『講演と薩摩琵琶の集い』が開かれる。大久保もさだめしうれしかろう。

「西郷どん、大久保さあ、もうここらでよかろうかい」

■著者プロフィール

宮島孝男（みやじま・たかお）

1954年、鹿児島県生まれ。

県政・地域づくりウォッチャー、「昭和史」研究家。

鶴丸高校、九州大学文学部（社会学）卒業。

南日本放送企画部長、鹿児島総合研究所地域政策部長、鹿児島県議会議員、志學館大学非常勤講師等を歴任。

著書に『どげんする？鹿児島』『こげんする！鹿児島』『ウォッチ！県議会　県議って何だ⁉』がある。

海軍兵と戦争
――戦争と人間を語る――

二〇二〇年八月十五日　第一刷発行

著　者　宮島孝男
発行者　向原祥隆
発行所　株式会社 南方新社
〒八九二―〇八七三　鹿児島市下田町二九二―一
電話　〇九九―二四八―五四五五
振替口座　〇二〇七〇―三―二七九二九
URL　http://www.nanpou.com/
e-mail info@nanpou.com

印刷・製本　株式会社イースト朝日
定価はカバーに表示しています　落丁・乱丁はお取り替えします
ISBN 978-4-86124-435-3 C0031